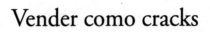

Vender como cracks

Vender como cracks

Técnicas prácticas y eficaces
que no utilizan los merluzos

Victor Küppers

Plataforma
Editorial

Primera edición en esta colección: mayo de 2017

© Victor Küppers, 2017
© del prólogo, Narcís Roura, 2017
© de la presente edición, Plataforma Editorial, 2017

Plataforma Editorial
c/ Muntaner, 269, entlo. 1ª – 08021 Barcelona
Tel.: (+34) 93 494 79 99 – Fax: (+34) 93 419 23 14
www.plataformaeditorial.com
info@plataformaeditorial.com

Depósito legal: B. 8.561-2017
ISBN: 978-84-17002-55-8
IBIC: VS

Printed in Spain – Impreso en España

Realización de cubierta y fotocomposición:
Grafime

El papel que se ha utilizado para imprimir este libro proviene
de explotaciones forestales controladas, donde se respetan
los valores ecológicos, sociales y el desarrollo sostenible del bosque.

Impresión:
Romanyà Valls
Capellades (Barcelona)

A Mar, Roni y Puxo

$$v = (c+h) \times a$$

El valor de un profesional de las ventas viene definido
por sus conocimientos, más sus habilidades,
multiplicado todo ello por su actitud.

Índice

Agradecimientos

Muchas gracias a Dios por la fe que me ha dado; sin ella, absolutamente nada tendría sentido.

Muchas gracias a Mar, mujer a la que adoro, y a mis maravillosos hijos por enseñarme las cosas importantes de la vida.

Mi agradecimiento más profundo a Jordi Nadal, mi editor, al que admiro por su inmensa generosidad y bondad, y quien confió mucho más que yo en este proyecto. Lo quiero un montón. Y gracias a su maravilloso equipo de Plataforma Editorial; a María, las dos Núrias, Miguel, Anna, Montse, Víctor, Guillem, Ariadna, Felipe y Anabel.

Muchas gracias a Narcís Roura por aceptar escribir el prólogo y por enseñarme que, por encima de un cargo directivo muy importante, hay que ser buena persona. Me impresionó desde el primer minuto que lo conocí por sus inmensas cualidades humanas.

Gracias también a Xavi Mas, director de *marketing* de CaixaBank, por querer escribir una frase de recomendación del libro. Cuando pensé en un profesional del ámbito comercial que me pareciera un crack, fue él el primero que se me vino a la cabeza. Pocas personas he conocido en mi vida más brillantes que Xavi, y al mismo tiempo más cercanas y sencillas.

Estoy profundamente agradecido con mis clientes, he aprendido todo lo que sé de ventas de ellos y siempre me he sentido mucho mejor tratado de lo que merecía.

Gracias a todos los asistentes a mis conferencias. Yo soy de los conferenciantes que no saben nada, que solo se dedican a leer a los expertos y a copiar sus ideas para transmitirlas. Siempre me han concedido un mérito muy superior al que merezco, porque explicar las cosas, que es lo que yo hago, es fácil. El mérito está en aplicarlas, y en esto soy un principiante cada día.

Finalmente, muchas gracias a ti, lector, por elegir este libro. Solo espero que no te decepcione y que te ayude a encontrar aquello que buscas.

Prólogo

Nos pasamos la vida vendiendo; en el trabajo, en casa, con la familia, con los amigos…

En el mundo profesional no hay negocio sin venta. Un gran producto no es nada sin una buena labor de venta. A diferencia de lo que pueda decirse en algunas ocasiones sobre el valor de una marca, su valor de verdad, el auténtico, está en función de lo que vende… y de lo que gana. Es por esto por lo que el rol del vendedor y del equipo de ventas son los más determinantes de una compañía. Una compañía que tenga al cliente y al comprador en el centro de su toma de decisiones tiene muchas más probabilidades de éxito. Tal y como decía Donald Kendall, uno de los fundadores de PepsiCo: «Quien no esté dispuesto a vender, sea cual sea el rol que desempeñe en una compañía, no puede formar parte de ella».

El mundo de las ventas es apasionante y es fundamental para el éxito de un producto. Existen dos grandes momentos de la verdad: cuando se toma la decisión de comprar y cuando se consume. Las decisiones de compra se toman mayoritariamente en el establecimiento y allí el vendedor tiene un rol muy relevante. Primero, consigue estar y, posteriormente, aparece delante del consumidor de la forma más impactante y seductora posibles. En el mundo actual, caracterizado por el gran consumo, donde los consumidores son cada vez más promiscuos, donde la fidelidad es casi inexistente, la relevancia del vendedor, una vez más, es altísima para conseguir que las probabilidades de venta sean mayores. Y existen múltiples técnicas para vender bien; todas, absolutamente todas, buscan la satisfacción del cliente. No hay mejor generador de ventas que un cliente satisfecho, que se sienta escuchado y cómodo en una negociación constante, entendida como la construcción de una relación a largo plazo.

Admiro profundamente a los profesionales de la venta. La función del vendedor es solitaria, altamente volátil; este vive en una montaña rusa y gestiona los éxitos y las frustraciones. Admiro su nivel de compromiso, que es el mejor indicador para entender la salud de una compañía. Un gran profesional se motiva solo, y los mejores ejemplos de automotivación suelen estar en el equipo comercial. La lucha por llegar al objetivo es constante, no acepta descanso. ¡Cuánta ambición! ¡Cuánta curiosidad! Los vendedores son grandes ejemplos de una actitud envidiable.

En un mundo donde el optimismo es cada vez más determinante que el coeficiente intelectual, poder gozar de un colectivo de ventas con ACTITUD es un capital impagable, una clara ventaja competitiva. Las habilidades se pueden entrenar, pero entrenar la actitud es mucho más complicado.

Y hablar de ACTITUD (con mayúsculas) es hablar de Victor Küppers. Después de 27 años de trabajo puedo contar con los dedos de una mano mis referentes en cuanto a actitud. Cada vez que el equipo y yo hemos tenido el privilegio de compartir una sesión con él, Victor llena el espacio como nadie; impregna optimismo, moviliza, entusiasma y además escucha y empatiza con los demás como nadie. Sencillamente, te hace sentir mejor.

Victor tiene la gran virtud de hacer y explicar de forma sencilla lo que es complicado y de no volver sofisticado lo que por naturaleza es simple. Estoy seguro de que el lector disfrutará mucho de este libro.

NARCÍS ROURA,
director general de PepsiCo Sur de Europa

PRIMERA PARTE
La filosofada ☺

Nota aclaratoria

En todo el libro utilizaré la palabra «vendedor» pero me refiero con ella al vendedor, a la vendedora, al comercial, a la comercial o como quiera llamarse, me refiero a toda persona que se dedique a las ventas en masculino o en femenino. Pido perdón por adelantado por si a algún lector o lectora pudiera molestarle; lo he hecho así para no volverme loco y hacer más fácil la lectura de este libro que ya de por sí es un poco rollo. Pero que quede claro que me merece el mismo respeto el uno y la otra, que esta es una profesión fantástica para hombres y para mujeres, aunque ellas ya son fantásticas al margen de su profesión ☺.

Otra nota aclaratoria

Este es un libro sencillo, básico, simple, porque yo soy así. Hablaremos de técnicas de venta sencillas, aplicables. Este no es un libro avanzado de ventas en el que se desarrollarán temas de negociación, que los hay y muy complejos, ni se hablará de posicionamientos, de juegos de poder o bandas negociadoras. No hablaré de estrategias o tácticas de venta. No, no. Eso sería el nivel 2. Este libro pretende ser el nivel 1 de las ventas, trabajar las bases fundamentales del proceso y las técnicas que se han demostrado como las más efectivas.

Este libro está escrito desde el sentido común. Todas las ideas son lógicas, muchas son de cajón, obvias, porque la venta es así, lo que pasa es que olvidamos muchas veces lo simple, o lo despreciamos, y nos gusta complicarnos la vida o que nos la compliquen.

Penúltima nota aclaratoria

Ya empiezo con el libro, de verdad, pero quería añadir una premisa que para mí es importante y que es la base de las técnicas que explicaré más adelante.

La premisa es esta: la venta consiste en «ayudar», no en «engañar y hacer el maleante», y aquí no hay grises, la línea está muy clara: «¿Tú a tu madre se lo harías?, pues al cliente también. ¿A tu madre no se lo harías?, pues al cliente tampoco». Esto es lo que diferencia a los cracks de los chusqueros, a los profesionales de los melones. No quiero decir que a un cliente se le deba querer como a una madre, ¡ni mucho menos!, madre solo hay una, pero me refiero a que nunca se debe engañar al cliente o ser deshonesto con él, y por eso digo que no hay grises: es blanco o negro, o engañas o no, da igual si el engaño es gigante y espectacular o muy pequeño, y la línea que separa ambos colores es esta pregunta tan sencilla y clara.

1.
Papá, quiero ser vendedor

En la universidad imparto una asignatura que se llama Gestión Comercial. Cada primer día de curso, y desde hace quince años, hago la misma pregunta a mis alumnos: «¿Quién de ustedes quiere ser vendedor?». De las ochenta personas aproximadamente que hay en clase, ¿cuántas levantan la mano? El sentido común diría que la mayoría, o muchas al menos, pero la realidad es que se levantan dos o tres, salvo un año, que ¡¡no se levantó ninguna!! Siempre me muestro sorprendido y les pregunto qué narices hacen sentados en sus mesas estudiando entonces Gestión Comercial. La mayoría argumenta que están preparándose para algo mejor: «Profe, ¡aspiramos a más!», «Comercial es mi hermano, que es un inútil y no daba para más, pero yo… ¡yo aspiro a mucho más!». Ese es el momento en el que me altero y me dan ganas de preguntarles: «¿A qué puñetas aspiras que sea mejor?». Este es el concepto que hay de las ventas, no solo en la universidad, sino en la sociedad en general, y me fastidia mucho. Yo me paso un año entero en mi asignatura, porque es el objetivo principal de mi trabajo en la universidad, intentando convencerles de que es un trabajo fantástico y de que muchos de ellos disfrutarán en el mundo comercial, que está reservado para los cracks.

Hace menos tiempo que hago la siguiente «encuesta» con adultos: «¿Qué pasaría si tu hijo o tu hija un día te dijera que quiere ser vendedor o vendedora?». La mayoría contestan dramáticamente que sería una desgracia, «Yo, que me he dejado la piel por ti y te he dado la mejor educación!..., ¡así me lo agradeces!». También los adultos aspiramos a que nuestros hijos «lleguen a más».

Ser vendedor es casi sinónimo de ser un fracasado, hasta le cambiamos el nombre para disimular, y mejor si es en inglés porque suena más importante: área mánager, *key account*, director de cuentas, asesor, consultor, etcétera. Todo menos llamarlo vendedor, no sea que piensen que somos de mala calaña o unos maleantes. Hace años se llamaba «viajante» o «representante», pobrecitos, ¡qué vergüenza debían de pasar!

Sin embargo, yo creo que dedicarse a las ventas es ¡una profesión fantástica! La mejor profesión que hay. El vendedor tiene uno de los mejores trabajos del mundo y ya es hora de que se valore y dignifique la labor de un vendedor. Vender es ayudar a los demás, vender es solucionar problemas que tienen las personas, vender es muchas veces hacer felices a los demás. Esto es lo que hacen los buenos vendedores, los grandes, los cracks. Sin embargo, es verdad que son minoría; la mayoría de vendedores son unos chusqueros y unos merluzos, engañan, solo buscan su propio interés.

Pero es un problema de la persona, no de la profesión, y al final pagan justos por pecadores; la mayoría de vendedores transmiten una imagen muy negativa de esta profesión, pero también existen vendedores que disfrutan con su trabajo y tratan de ejercerlo con la mayor profesionalidad posible. Muchas personas se dedican a las ventas porque el acceso es relativamente sencillo y necesitan trabajar, no lo hacen con entusiasmo y pasión, ni por vocación, lo hacen «porque de algo hay que vivir». Por eso la mayoría de vendedores son chusqueros y provocan que socialmente se tenga muy mala imagen de esta profesión.

Dedicarse a las ventas es apasionante. Es verdad que la venta es difícil, complicada, que hay que afrontar fracasos, que es un trabajo poco reconocido, que hay que aguantar a algunas personas pesadas, que tienes que poner buena cara cuando te encuentras mal, que es muchas veces desagradecido, que es solitario, que hay que soportar la presión de la cifra de ventas. Es un numerito que ejerce una presión continua y aguantarla no es fácil porque es, además, un número público, que todo el mundo en la empresa conoce; ¡estás siendo juzgado en todo momento por un número! Eso no hay quien lo aguante. Por todo ello la venta no es para todos, ¡es solo para cracks!

Pese a todo la profesión comercial es fantástica y apasionante, dedicarse a las ventas sigue siendo fascinante para mí; hay presión, es verdad, pero eso te obliga a dar siempre lo mejor de ti mismo, a no acomodarte, porque requiere estar en permanente aprendizaje y crecimiento. En un mundo tan competitivo que no permite la relajación, la labor comercial empuja siempre a dar lo mejor de uno mismo; eso da empuje y fuerza, eso hace que cada día se mejore un poquito más, que se luche para ser mejor profesional y mejor persona. Por otro lado, es verdad que hay fracasos pero también hay muchas alegrías y satisfacciones, cerrar una venta es un chute de automotivación y energía que los demás trabajos no tienen; es verdad que es difícil, por eso dominar esta profesión es muy gratificante, porque es para valientes y no para cobardes, porque es un trabajo divertido, poco rutinario, porque permite una cierta libertad y autonomía, porque es muy gratificante trabajar con clientes satisfechos, porque ser bueno en esta profesión facilita una «empleabilidad» mayor que ningún otro trabajo, porque si destacas, es una profesión en la que se puede ganar mucho dinero, pocos trabajos tienen una remuneración variable tan amplia sujeta a resultados, porque ayudas a los demás a resolver sus problemas, a satisfacer sus necesidades o a cumplir sus ilusiones y sueños. ¡Qué mejor trabajo que ayudar y hacer felices a los demás! Y porque, además, te permite conocer a personas maravillosas, te relacionas con personas fantásticas y descubres la grandeza del ser humano.

Ser vendedor es una profesión fascinante. Una profesión solo para valientes y grandes, no para cobardes, mediocres ni chusqueros.

2.
Para vendedores:
«O enamoras o eres barato»

En el entorno comercial actual, visto lo visto, no hay que ser muy listo para reconocer que a las empresas solo les quedan dos posicionamientos si quieren salir adelante: o enamoran a sus clientes o son baratas. El triunfo del *low cost* ha radicalizado el mercado a estas dos posiciones y aquellas empresas que son correctas, atentas, con un precio competitivo, tienden a desaparecer porque pierden, en un extremo del mercado, a los clientes que valoran una propuesta de valor excelente que, más allá de ser correcta y atenta, enamore, y, en el otro extremo, pierde a los clientes que valoran el precio por encima de todo. Ser tibio no tiene premio.

La revolución *low cost* no es efímera, ha venido para quedarse, y creo que es así por dos motivos. Por supuesto que la crisis económica y la mayor sensibilidad al precio ha sido la causa principal del nacimiento de estas propuestas, también las nuevas tecnologías han facilitado estos posicionamientos, pero hay otro factor mucho más importante y que no depende de la coyuntura; los consumidores hemos descubierto que lo barato no es necesariamente malo, nos ha sorprendido ver que el café de marca blanca no mata (y que hay alguno que incluso es bueno), nos hemos arriesgado a comprar aparatos electrónicos en *category killers* y no se han estropeado, hemos volado en compañías *low cost* cuyos aviones no se caen y preferimos ir dos horas embutidos como un salchichón en los asientos y gastar el dinero disfrutando de una cervecita en la ciudad de destino. Hace pocos años, estaba muy claro el axioma comercial de que lo caro es bueno y de que lo barato es malo, de que los *targets* altos del mercado compraban productos caros y que los más bajos eran clientes de productos económicos. Estos esquemas se han acabado y los *targets* altos consumen *low cost* como los que más, muchos coches de lujo tienen un seguro *low cost* y en el barrio de Salamanca o Pedralbes se venden muchos productos de marca blanca en los supermercados.

La alternativa de posicionarse en precio no es una deshonra y en muchos casos se ha demostrado muy rentable. Muchas compañías han convertido el precio en su principal herramienta comercial con gran éxito. Otro tema es que algunas empresas aprovechen su poder para maltratar al proveedor, lo cual ocurre, por desgracia, pero merluzos hay en todas partes.

Luchar en el mercado contra estas empresas *low cost* solo tiene una alternativa: enamorar al cliente, y hacerlo de tal modo que esté dispuesto a pagar más porque entiende que recibe mucho más. Enamorar no quiere decir ser amable o cordial, todo el mundo lo es y el que no lo es ya murió, la crisis se lo llevó por delante. Y hay muchas empresas que no lo han entendido y que siguen moviéndose en la mediocridad. El objetivo es muy simple, no fácil, pero sí muy simple. Si pudiéramos leer la mente de un cliente (todo llegará) cuando sale de una tienda, de un hotel, de un avión o de cualquier establecimiento o página web, en su cabeza solo existen tres posibilidades acerca de lo que opina. Uno: «Vaya churro, no vuelvo más»; dos: «Bien, correcto, normal»; tres: «¡Ole, ole y ole!». El efecto «ole, ole y ole» es el que debería buscar una empresa. Pero párate un momento y piensa, en las últimas semanas, de cuántos sitios has salido pensando que ole, ole y ole con el servicio, el trato o la experiencia. Piensa en bares, farmacias, ópticas, trenes, tiendas de alimentación. Cuántas veces te pareció tan fantástico comprar allí, porque todos ellos tienen el mismo objetivo. Casi todos salimos de los sitios en la posición dos, pensando: «Bien, normal, correcto, profesional», y, por desgracia, eso no asegura que volvamos a comprar; al contrario, fomenta nuestro espíritu mercenario de ir al mejor postor, porque con la cantidad de oferta que hay y la cantidad de tentaciones que tenemos, ante la mediocridad reinante sucumbimos al precio «porque no somos tontos». Al fin y al cabo, los que venden barato no enamoran, pero tampoco te maltratan. Es más, ¡a veces son más amables que los que son más caros!

Muchas empresas se quejan de que conseguir enamorar al cliente y ese efecto «ole, ole y ole» es imposible, que los clientes no valoramos nada, que solo nos importa el precio y que somos muy exigentes, cuando lo que deberían es preguntarse qué están haciendo para lograrlo. Últimamente me ha tocado trabajar con hoteles que pensaban de esta misma manera. Yo hace muchos años que hago una estadística cuando salgo de un hotel; pruébalo. Cuando haces el *check-out* (el «toma la llave que me largo»), en el 90 % de las ocasiones solo nos hacen dos preguntas ☺. Primera: «¿Ha tomado algo del minibar?» (que traducido sería: «A ver, chorizo, no me estará robando usted, ¿verdad?»). Segunda: «¿Efectivo o tarjeta?» (es decir: «Suelte la molla rapidito»). «¿Ha dormido usted bien?» o «¿Estaba todo a su gusto?» son preguntas de ciencia ficción, y cuando alguno la hace, es un acto formal tan estandarizado que ni siquiera escucha la respuesta. ¿Y así quieren fidelizarnos? Todos los hoteles que conozco están preocupados por la satisfacción de sus clientes, se quejan de que es complicado porque los hoteles son todos muy parecidos y que al cliente, que es un mercenario, solo le interesa el precio, que hay poco que ellos puedan hacer y que la crisis es lo que tiene. Mucho tarado suelto. La primera crisis es de sentido común. ¿Quieres que tus clientes estén satisfechos? Pues quizá sería mejor preguntarles si han dormido bien, que es a lo que van, y si todo estaba a su gusto, y no preguntarles si han robado algo y pedirles que saquen la pasta cuanto antes y no se les ocurra largarse sin pagar. Para fidelizar a un cliente hay que hacer muchísimo más, tiene que salir enamorado, dando saltos y diciendo «¡Ole, ole y ole!»; eso garantiza su lealtad.

Para enamorar a mí se me ocurren tres caminos: producto, proceso y personas. Hay empresas que no tienen contacto con su cliente final y enamorar implica apostar por las dos primeras y a veces con éxito logran que la innovación en producto o proceso provoque grandes flechazos.

Otras compañías pueden jugar las tres variables. Apple es mucho más caro que sus competidores, pero tiene un producto maravilloso, un proceso de compra espectacular y un personal estratosférico que vive la empresa como si fuera suya.

Pero la mayoría no puede diferenciarse por producto o proceso porque sus competidores son muy parecidos y solo puede diferenciarse por las personas. Y ahí es donde entran en juego los comerciales, los vendedores, las personas que están en contacto con el cliente. O enamoras o eres barato.

Diferenciarse por personas es casi siempre la estrategia más efectiva e incopiable. La clave en un bar son los o las camareras, en un hotel los o las recepcionistas y en un avión los o las azafatas. Te puedes volcar en tener un producto fantástico, un proceso espectacular, pero luego se decide todo en la interacción empleado-cliente. Enamorarse es un sentimiento y quien más puede influir en ese «amor», en los sentimientos de un cliente, son las personas de la organización, para bien o para mal. Por eso en las empresas el departamento comercial se parece cada vez más al de recursos humanos. Necesitamos personas que vayan chutadas, que se apasionen por el cliente, con vocación de servicio, que disfruten de su trabajo y contagien al cliente, que sean amables, sonrientes, alegres, profesionales, competentes, entusiastas y trabajadoras. Y no es fácil, nada fácil. Claro que hay que motivar, ayudar, involucrar y cuidar a las personas; muchos jefes no saben qué quiere decir cuidar, por desgracia, pero el 80 % del éxito está en seleccionar bien. Hay un dicho popular que dice: «Nunca intentes enseñar a cantar a un cerdo; pierdes el tiempo y al final enfadas al cerdo». Hay que seleccionar bien a las personas, ese es el punto crítico, hay que fichar a la gente por su actitud, por su cara, por su vocación de servicio, por su amabilidad, por su ilusión, y no tanto por sus estudios, conocimientos o experiencias. Esto es muy importante, mucho, pero la diferencia entre los cracks y los chusqueros está en su actitud. Habría que fichar a la gente por su sentido del humor, y ser cenizo debería ser causa de despido procedente. Tenemos que fichar a personas que provoquen el efecto «ole, ole y ole»; esas son las auténticas con vocación comercial y las que deberían dedicarse a las ventas.

3.

Para jefes de ventas: siete diferencias entre un líder y un champiñón

Yo no soy un experto en liderazgo ni pretendo iluminar a nadie con este capítulo porque no sabría. Seguramente harían falta muchos manuales para definir todo lo que necesita una persona para ser un buen líder, y yo me limitaré solo a hacer algunas reflexiones sobre un aspecto concreto: su actitud, y no son consideraciones fruto de mi experiencia personal, ¡solo faltaría!, sino de lo que he aprendido trabajando con muchos líderes de diferentes organizaciones. He tenido la suerte de conocer a todo tipo de fauna: merluzos, melones, tarados, ciruelos, pero también he conocido a personas a las que he admirado muchísimo por su capacidad de liderazgo. Una de las que destaca es Mikel Angulo, una de esas personas de las que hay una entre un millón. Observándolo y reflexionando he podido identificar siete aspectos que diferencian a los líderes absolutamente espectaculares de los champiñones que pretenden dirigir personas. Creo que pueden ser interesantes para los jefes de ventas, directores comerciales, *global worldwide managers* o como sea el título que quieran tener los que dirigen y ayudan a equipos de vendedores.

1ª. **diferencia:** tienen el chip de estar al servicio de los demás. Hay personas que sirven para liderar y hay otras que nunca servirán, por mucho que se lo propongan. Hay jefes chusqueros que piensan que liderar es decirles a los demás lo que tienen que hacer y verificar que está hecho en tiempo y forma adecuados, como si fuera el ejército, pero los líderes saben que su trabajo consiste en ayudar a los demás para que sean mejores personas y mejores profesionales. Tener esta mentalidad, esta obsesión por ayudar a los demás, es un requisito imprescindible. ¿Cuántas personas con equipos a su cargo la tienen? Por desgracia son minoría, porque casi todos piensan en sus objetivos y ven a los demás como un recurso que les ayuda a conseguirlos. El liderazgo basado en esta premisa se caracteriza por el control y la supervisión, el egoísmo, la rigidez, la falta de confianza y la mediocridad, sintiendo como una amenaza a todo aquel que pueda ser mejor que uno mismo. Cuando uno se centra en ayudar y servir a los demás para que crezcan y se desarrollen como personas, entonces es un trabajo brutal y muy gratificante, porque logra sacar lo mejor de cada persona para que, además de «saber» hacer las cosas, «quiera» hacerlas poniendo sus mejores esfuerzos en ello. La responsabilidad social corporativa está de moda, pero muchas empresas la han entendido como hacer una donación o publicitarla; la verdadera responsabilidad social empieza por cuidar, tratar bien y preocuparse por las personas que trabajan en una empresa. Aquello de que el accionista es lo más importante, muy predicado en las mejores escuelas de negocio, a mí me parece un cuento chino, una irresponsabilidad catastrófica. Primero las personas, luego los clientes y por último el accionista.

2ª. diferencia: influyen por su manera de ser. La diferencia entre una gran persona y una persona mediocre no está en sus conocimientos ni en su experiencia, está en su manera de ser. Los cracks saben que para poder ayudar a otros a ser mejores primero tienen que hacer un trabajo interior enorme para mejorar ellos. Su papel es el de influir, inspirar, transmitir, motivar, y por eso tienen una manera de ser marcada por unos valores y unas virtudes humanas que admiramos. No conozco un solo líder espectacular del que no me haya asombrado su manera de ser. No se trata de estudiar un máster o tener un cargo en la tarjeta, se trata de actitud y manera de ser; sin valores humanos, el líder es un déspota, un tirano, un dictador. Mark Zuckerberg tiene una frase genial que dice: «Solo contrato a alguien para trabajar conmigo si pienso que yo trabajaría para él».

3ª. diferencia: saben lo que es más importante en la vida. Hay una frase del doctor Stephen Covey que me encanta: «Lo más importante en la vida es que lo más importante sea lo más importante». No es solo un juego de palabras, que evidentemente lo es; también es una frase que si uno piensa durante unos minutos, tiene mucho fondo. El requisito básico para que las personas trabajen bien es que sean felices. Puede parecer una afirmación superficial o poco sofisticada, pero es una verdad como un piano. Vivimos en la sociedad de las prisas, del ya, del consumo, de lo artificial, del envoltorio, en la que el parecer es más importante que el ser, y es una carrera que nos acaba atrapando a todos y desquiciando a muchos, porque olvidamos muchas veces lo que es importante y acabamos corriendo a toda pastilla hacia ninguna parte. Para que las personas sean felices tienen que poner en el centro de su vida lo que es más importante para ellas. Personalmente pienso que nuestro Proyecto con mayúsculas en esta vida es nuestra familia y, en una época de máxima exigencia laboral, necesitamos tiempo para equilibrar nuestra vida profesional con la personal. Los líderes fantásticos lo saben porque ellos son los primeros en hacerlo y, entendiendo que el trabajo es importante pero nunca lo más importante, generan y promueven entornos laborales que ayudan a sus equipos a equilibrar su vida personal y profesional.

4ª. diferencia: trabajan con las personas sabiendo que son voluntarias. Muchos trabajos se han convertido en una forma de esclavitud moderna en los que las personas ven sus actividades como una penosa obligación en la que no se divierten ni disfrutan, en la que se sienten tristes, quemadas, estresadas, y tienen una taza con la frase «Por fin es viernes». Muchos líderes no han entendido que trabajan con personas que son voluntarias, como si fuera una ONG, al menos en parte. Todos tenemos un comportamiento «normativo» por el que hacemos todo lo que tenemos que hacer para que no nos llamen la atención: una forma de ir vestido, un horario de entrada y salida, unas metodologías y procesos de trabajo, etcétera. Es un comportamiento «obligatorio». Pero las personas también tenemos un comportamiento «espontáneo», que es el cariño que le ponemos a lo que hacemos, las ganas, la pasión, la alegría, el esfuerzo para querer hacer las cosas lo mejor que podemos. Y este comportamiento es 100% voluntario, no se puede exigir, el líder tiene que ganárselo, tiene que merecerlo, porque los demás se lo dan solo si les da la gana. Nadie puede exigir a una persona de su equipo que ponga el 100% de sus ganas y alegría en el trabajo, que se deje la piel o que le pregunte al jefe si necesita ayuda cuando lo vea apurado; eso te sale o no te sale, y si el jefe es un mamón, es normal que no te salga.

5ª. **diferencia:** son personas amables, agradables, que practican la regla de oro. En todas las religiones, desde el cristianismo al budismo, pasando por el hinduismo, el judaísmo o el islam, absolutamente todas, se predica el siguiente corolario: «Trata a los demás como te gustaría que te trataran a ti». Puede parecer simple e incluso demagógico, pero es una verdad descomunal. Seguro que hay sofisticadísimos modelos de liderazgo muy útiles, pero también lo es esta frase tan simple que casi nunca aplicamos. Hay quien piensa que es muy genérica, poco concreta. Pues te doy otra, de santa Teresa de Calcuta: «Que nadie se acerque jamás a ti sin que al irse se sienta un poco mejor y más feliz». Aplicarla en cada instante es algo muy práctico que a veces requiere cuidar las formas al hablar, o tener paciencia para escuchar, o ser justo con alguien cuando no hay afinidad. Si esta frase se te pudiera aplicar a ti, serías una persona absolutamente apoteósica, pero lo mejor de todo es que para que esta frase se te pueda aplicar no depende de nadie, solo de tu decisión y compromiso personal. Seríamos mejores personas, mejores padres, mejores parejas, mejores amigos y mejores líderes. Las personas que admiramos y que nos ayudan a ser mejores tienen un trato cercano, agradable y alegre, son educadas y cuidan siempre las formas. Son cosas básicas, lo sé, pero es que las estamos perdiendo. Por suerte, quedan algunas personas maravillosas, de esas que conoces y por dentro piensas: «¡Ole, ole y ole!, yo quiero ser como ella». Cuando lo piensas, estás delante de un líder.

6ª. diferencia: hacen sentir importantes a los demás. Confían en las personas, por eso delegan en ellas, las involucran, les preguntan, les hacen participar y logran su compromiso. Las hacen sentirse importantes también porque consiguen que hagan un trabajo estratosférico. Nadie es bueno para todo, pero tampoco nadie es inútil para todo. Ayudar a las personas y hacerlas sentir importantes requiere primero conocerlas para saber cuáles son sus dones y en qué actividad pueden desarrollarse mejor. Y paciencia, ¡mucha paciencia! Hay personas que entienden que los bebés tardan nueve meses en nacer por mucho que te esfuerces y otros son como el chiste que decía: «Señor, dame paciencia, dame paciencia, pero ¡dámela ya!». Los líderes tienen paciencia y forman, los jefes chusqueros van con prisas y deforman. Los cracks tienen una obsesión por buscar lo bueno que tienen los demás, porque saben que lo tienen, y cuando lo encuentran, los ayudan, los motivan y les exigen, confían y ponen todos los medios para lograr que tengan un desempeño brutal. Y cuando lo logran, se lo reconocen y los elogian, porque saben que en el fondo de todas las personas existe el anhelo de hacer cosas importantes, de aportar algo, de sentir que contribuyen y que se las aprecia. Reconocer el trabajo bien hecho de manera sincera es el mayor chute de motivación que alguien puede recibir. Entonces, esa persona se siente valorada, comprometida, agradecida, y su rendimiento mejora; es un círculo virtuoso. Hay jefes que creen que hay personas a las que es imposible motivar; lo que deberían pensar es que hay personas que estaban muy motivadas hasta que los conocieron a ellos.

7ª. **diferencia:** sonríen. Su trato agradable empieza por su cara. Sonreír es una virtud enorme que no valoramos suficiente, como el sentido del humor y la alegría. Las personas que sonríen y son alegres son mucho más productivas y generan entornos mucho más eficientes. Hay un proverbio chino que dice: «El hombre cuya cara no sonríe, no debería abrir una tienda». ¡Es de cajón! Si aplicáramos este criterio, ¿cuántas tiendas cerrarían en este país? ¡Muchas!, empezando por las de los chinos, porque muchos tampoco lo han entendido. Deberíamos fichar a las personas por su alegría y despedirlas por su mal carácter, empezando por los líderes. Hemos perdido el sentido común, ¿cómo se puede pretender ser un buen líder con cara de sepia?

4.
Una profesión espectacular

¡Dedicarse a las ventas es una profesión fantástica! Sin embargo, lamentablemente, no es una actividad vocacional. Nadie de pequeño quiere ser vendedor ☹. Mis hijos querían ser futbolista uno y ladrón el otro porque vio una peli de un ladrón de cuadros que le gustó. Por eso muy pocas personas se dedican apasionadamente a las ventas, y ya se sabe que cuando haces algo sin pasión es difícil hacerlo bien. Es aquello de «si hay que ir, se va», pero con pocas ganas. Además, en general es un trabajo al cual es relativamente fácil acceder con «un poco de labia y estar dispuesto a patear la calle»; muchas veces no se requiere una titulación específica o unos méritos concretos. Vaya, que parece que casi todo el mundo puede ser vendedor, y eso provoca que a muchas personas que se dedican a esta profesión tan maravillosa no les guste o simplemente lo hagan porque necesitan trabajar y esta es una actividad en la que existe una gran oferta de puestos.

Como comentaba en el primer capítulo, la venta, como profesión, tiene sus ventajas y sus inconvenientes. Quizá como todas las profesiones, pero es verdad que la venta tiene algunas peculiaridades que hacen que a veces los inconvenientes sean difíciles de soportar ☺. Vamos a profundizar un poco en ellos:

1. La venta es difícil, es un trabajo muy complicado

Se trata de convencer a alguien para que compre un producto o servicio que puede comprar casi siempre en muchos otros sitios y a veces con mejores precios. Eso no es fácil. Además, el cliente está muchas veces a la defensiva porque ya da por hecho que solo van a explicarle las maravillas del producto y servicio y no los inconvenientes. Ya se sabe que el papel de un comercial es «vender la moto».

2. Dedicarse a la venta implica afrontar muchos fracasos y muchas objeciones y negativas por parte del cliente

Pocas veces te están esperando: «Hombre, por fin, venga, pasa, que te necesitamos urgentemente y no podemos vivir sin tus productos». No. Hay que picar mucha piedra para conseguir un «sí». Hay que saltar muchos filtros hasta poder hablar con la persona que nos interesa y superar numerosas objeciones de esta cuando por fin logramos hablar con ella: «No lo necesito», «Ya estoy contento con lo que tengo», «No me interesa», etcétera.

3. Vender implica una gran presión en forma de objetivos

A los vendedores nos persigue el número, ya lo hemos comentado en el primer capítulo. El jefe tiene un Excel con tus resultados, bueno, los tuyos y los de tus compañeros, y encima muchas veces son públicos. Y esa presión se nota, ¡vaya si se nota! Quizá te estás dejando la piel para acabar el mes de marzo, por ejemplo, «venga, venga, que acabo el mes con dignidad», para encontrarte que de inmediato alguien te dice: «Pues bienvenido al mes de abril». Es un no parar, es continuo, y siempre vender más, no puedes relajarte, siempre hay que seguir vendiendo, y es una presión que no todo el mundo puede aguantar.

Es duro saber que tu trabajo es evaluado con un número, tu cifra de ventas, que puede ser bonita o fea, y que todo el mundo conoce porque es un dato más o menos público y conocido dentro de la empresa. Hay muchas profesiones que no tienen la presión de un número, que no están siendo «juzgadas» en todo momento por un dato cuantitativo. No todo el mundo tiene un trabajo donde al lado de su nombre hay un número que lo evalúa como «bueno» o «malo», un conductor de autobús o una persona de contabilidad tiene muchos otros problemas, pero no un número que los persigue cada día. Y esa presión a veces se hace muy dura.

4. Vender se percibe como «engañar»
Parece que si buscamos en el diccionario la definición de vender sería algo así como: «Persona que engaña, estafa, maleante, ojo, peligro, vigila». Ser vendedor se asocia con el engaño y la manipulación. Es un tópico, puede ser, pero los tópicos existen porque casi siempre son verdad y muchos vendedores tenemos la imagen que nos merecemos porque son muchos los que trabajan mal.

5. Ser vendedor es un trabajo poco reconocido socialmente

Piensa cuando vas a aquellas cenas de instituto o facultad después de cinco o diez años y alguien te pregunta: «Hombre, ¿cómo estás?, ¿a qué te dedicas?». Si contestas que eres ingeniero y que trabajas en proyectos que son un poco secretos y de los que no puedes comentar demasiado, probablemente te mirarán con cara de asombro y te dirán algo así como: «Qué bien que hayas triunfado, me alegro mucho por ti». Sin embargo, si contestaras: «Soy vendedor», casi seguro que te mirarían con cara de pena o decepción y te dirían algo así como: «Vaya, qué lástima, con lo alto que tú apuntabas, ¿qué te ha pasado?». Es una pena, da mucha rabia, pero muchas veces es así.

6. Hay que aguantar a personas que pueden ser desagradables, o muy desagradables

El cliente se ha vuelto muy exigente, simplemente porque cada vez tiene más opciones para elegir. Cree que siempre tiene la razón, y muchas empresas le han hecho creer que es así. Como clientes vivimos en el paraíso, tenemos todo lo que queremos, donde queremos y cuando queremos; sin embargo, como proveedores, como empresas, vivimos una época muy difícil porque todos los mercados son terriblemente competitivos y convencer al cliente para que te compre es cada vez más complicado, y su ansiada fidelidad, buf, eso ya es casi un acto heroico.

7. *Es un trabajo solitario*

Es verdad que no todo el mundo es autónomo como yo, que estamos casi siempre solos, pero incluso los vendedores que están en rigurosa nómina y con contrato mercantil pasan muchísimo tiempo solos. Los vendedores no van a ver a sus clientes de dos en dos, como la Guardia Civil, casi siempre van solos. Puntualmente puede acompañarte el jefe (a veces se cumple aquello de que «es mejor estar solo que mal acompañado») o un compañero de otro departamento, pero casi siempre los vendedores se encuentran solos delante del cliente. Ya no te cuento si encima la venta implica viajar; no hay nada más aburrido que viajar solo.

8. *Una parte del sueldo es variable*

Casi todos los trabajos empiezan a tener una parte variable en su sueldo, pero fuimos los comerciales los que empezamos. Hace muchos años que todos los que nos dedicamos al mundo de las ventas tenemos una parte de nuestro sueldo variable, en función de los resultados conseguidos. Pero incluso ahora, cuando hay otros trabajadores que tienen también una parte variable, seguimos siendo los vendedores los que tenemos el porcentaje de sueldo variable más elevado, en muchos casos es el 30, el 40 o el 50 %. Eso es fantástico cuando los resultados salen, cuando la cosa funciona, pero es terrible cuando las cosas no van bien, especialmente si no es culpa directa del vendedor y es un problema de mercado, del producto, del *stock* o de cualquier otra circunstancia que no controlamos y no depende de nosotros.

Repasemos: la venta es un trabajo muy complicado porque hay que convencer a alguien de que adquiera tu producto y no otro parecido a un precio similar, implica una gran presión por el objetivo comercial, se percibe como engañar a los demás, es un trabajo poco reconocido socialmente, hay que aguantar a veces a personas desagradables, a menudo es solitario y encima una parte importante del sueldo es variable. Vista esta lista anterior, uno puede pensar que ¡¡hay que ser un muy merluzo para dedicarse a las ventas!!

Casi siempre nos fijamos en lo negativo, en lo que menos nos gusta, en lo que es más problemático, pero es una profesión absolutamente maravillosa. Claro que tiene esos inconvenientes que hemos descrito, pero no hay trabajos perfectos, todos tienen cosas negativas. Pero también todos tienen muchas positivas y la venta, si cabe, ¡más que ningún otro!

1. Es un trabajo divertido, poco rutinario

Es variado porque cada día es diferente. Diferentes clientes, diferentes necesidades, diferentes circunstancias, diferentes lugares, diferentes retos, diferentes productos y servicios. Y, además, esta es una ventaja que muchos apreciamos especialmente, no estamos todo el día sentados en un despacho frente a una pantalla de ordenador. Respiramos aire, nos movemos, entramos, salimos, no nos aburrimos y, a veces, incluso desayunamos donde queremos ☺.

2. Permite una cierta libertad y autonomía

Me refiero a que tenemos cierto margen para controlar nuestro tiempo, para organizar nuestra agenda, para decidir qué hacemos, cuándo y cómo.

3. Es gratificante trabajar con clientes satisfechos y cerrar ventas

Es verdad que la venta implica muchas veces que el cliente diga «no», demasiadas veces el trabajo y el esfuerzo de un vendedor acaba con un fatídico «no». Pero ¿y cuando dice «sí»?, ¿eh?, ¿qué ocurre entonces? Ocurre que es brutal, que es una subida de endorfinas, adrenalina o la hormona que sea, pero es una sensación de felicidad brutal, comparable a la que tiene un deportista al meter un gol o encestar un triple. No exagero, la sensación de plenitud y satisfacción cuando alguien logra cerrar una venta es comparable a meter un gol, a ganar un partido de tenis o baloncesto. ¿Cuántas veces nos hemos encontrado gritando de alegría después de cerrar una venta? Ese es el momento mágico que buscamos, ese instante en el que todo el esfuerzo realizado ha valido la pena. Es un chute de energía que muy pocos trabajos tienen.

Al final, es un problema de miedo. Nuevamente el miedo. En este caso, el miedo al fracaso y el miedo al rechazo. El miedo a que me digan que no. Nuevamente, hay los valientes, los grandes, por un lado, y los mediocres, los cobardes, por el otro. Piénsalo un poco: ¿qué es lo peor que puede pasar?, ¿que un cliente diga que no? Pues no es tan grave, no se va a reír de ti, ¿verdad?, el problema sería que nos cortaran un dedo o una oreja cada vez que no logramos cerrar una venta. Pero solo es un «no», y con toda seguridad vale la pena recibir unos cuantos «no» si también recibimos un «sí» de vez en cuando, igual que vale la pena perder cinco Champions si ganas una, ¿o no? Cerrar una venta es una sensación magnífica, fantástica, ¡a veces descomunal! Como ganar la Champions ☺.

4. Es una función que obliga a estar en permanente aprendizaje y crecimiento

Es un mundo tan competitivo que no permite la relajación o el acomodamiento, por eso uno siempre está dando lo mejor de sí mismo. La dificultad de este trabajo y la presión de alcanzar un objetivo provoca que los buenos vendedores estén constantemente mejorando, que estén creciendo en sus capacidades y habilidades, que quieran ser cada vez mejores profesionales y se esfuercen para conseguirlo. El buen vendedor vive siempre fuera de la «zona cómoda». La competencia siempre aprieta, no duerme, y los clientes son cada vez más exigentes y se acostumbran a todo, por lo que superar sus expectativas cuesta cada vez más. Al vendedor no le queda más remedio que seguir mejorando, le impiden acomodarse y relajarse y lo mantienen despierto. Un buen vendedor está en proceso de aprendizaje continuo, siempre, para siempre. Y eso es divertido, eso da energía, eso hace que cada día se mejore un poquito más, que uno sea mejor, que uno esté orgulloso de lo que hace y de cómo lo hace.

La dificultad y la presión dan miedo. En muchas ocasiones, el rechazo a las ventas viene derivado del miedo natural que todos tenemos a las dificultades. Todos podemos sentir ese miedo, es algo normal, pero las grandes personas se enfrentan a este miedo mientras que las cobardes lo evitan. Los primeros deciden lanzarse en esta carrera de aprendizaje continuo y, bajo su perspectiva, las alegrías y gratificaciones compensan los esfuerzos, los fracasos y las dificultades. Los segundos se sienten paralizados por estas dificultades y, aterrorizados ante la amenaza del posible fracaso, renuncian a las posibles alegrías.

5. Dominar las ventas facilita una mayor «empleabilidad», es decir, la capacidad para ser atractivo en el mercado laboral, más atractivo que otro tipo de profesiones
Dado que la venta es tan complicada y tiene tanta presión, los buenos profesionales, los cracks, tienen un nivel de empleabilidad mucho mayor que otros profesionales de otros ámbitos funcionales de la empresa. Están muy buscados. La venta es sin duda la profesión con más salidas profesionales y con mayor demanda.

Asimismo, si uno quiere ser emprendedor, puede tener muchos defectos y áreas de mejora, pero lo que es seguro es que tiene que saber vender. Sin dominar esta faceta, uno siempre trabajará para terceros.

6. Se puede ganar más dinero que en otros trabajos
Los cracks de las ventas, en muchos casos, son profesionales que ganan más dinero que otros. Como los vendedores tie-

nen una parte de su sueldo variable en función de las ventas, el que más vende, más gana.

7. *Es un trabajo en el que te relacionas con muchas personas*
Por eso es un trabajo fantástico. Conoces a muchas personas, aprendes, valoras las diferencias, te enriqueces. ¿No te gusta la gente?, entonces vender es un trabajo de mierda. Este sí que es un hándicap importante. Si a uno no le gusta relacionarse con los demás, es muy difícil que pueda desarrollar con éxito una carrera comercial. Es verdad que uno puede encontrarse con personas agradables y con otras menos agradables, pero finalmente, a uno deben gustarle las relaciones humanas, uno debe tener inquietud por las personas.

8. *La venta es para todo tipo de caracteres*
La contabilidad es para personas que son ordenadas, metódicas. Limpiar cristales en rascacielos es solo para personas que sean valientes y no tengan vértigo. La venta es para todos. A veces se escucha otro tópico que dice que las personas extrovertidas son mejores vendedores y que las introvertidas no pueden dedicarse a vender. Vaya chorrada. Las relaciones humanas no van de taladrar o pegar rollos; si fuera así, ese tópico podría ser cierto. Las relaciones humanas van de confianza, y muchas veces las personas introvertidas generan más confianza que las extrovertidas, que muchas veces dan miedo y ponen al cliente a la defensiva: «Este me vende una moto». Yo creo que los extrovertidos tienen ventajas y desventajas para vender y los introvertidos igual. Los extro-

vertidos tienen más facilidad y desenvoltura quizá para argumentar, para defender objeciones o para trabajar la fase de cierre, pero tienen más dificultades a la hora de escuchar, de no interrumpir, de tener empatía con el cliente. A los introvertidos puede ocurrirles exactamente lo contrario. Así que no creo que un carácter sea mejor que el otro para vender, simplemente tienen diferentes facilidades y dificultades.

9. La venta no tiene siempre mala imagen

Los que verdaderamente saben lo difícil que es vender miran con mucho respeto a los vendedores; son los que generan los ingresos. Hay quien dice que en la empresa hay dos tipos de personas: «Los que venden y los que ayudan a vender». Son muy importantes en las compañías.

Hablábamos al inicio del libro de los nombres extraños que se elegían para algunos vendedores por vergüenza a llamarse por su nombre, por la mala imagen que se tiene del vendedor. A algunas personas les da vergüenza y para enmascararlo se ponen nombres extraños. Yo conocí una vez a un *executive advisor* y su trabajo era el de revisar calderas. Es un trabajo muy digno, pero tiene narices el título que le pusieron a su cargo.

Yo admiro a los que ponen en su tarjeta «vendedor» o «comercial», que están orgullosos de serlo. De todos modos, si el problema es el nombre o el cargo, siempre se puede cambiar para darle más estatus y glamur.

10. La venta consiste en ayudar, no en engañar

Ya lo hemos comentado de manera rápida y lo dejo casi para el final porque es largo de explicar. Si lo hubiera puesto al principio quizá te habrías saltado los nueve puntos anteriores.

Piensa en esta frase que hemos escuchado alguna vez: «Es tan buen vendedor que es capaz de vender arena en el desierto». Seguramente, la inmensa mayoría de personas estarían de acuerdo con esta afirmación, que puede tener su gracia, pero que para algunos es una tontería gigante. Este vendedor ni es un crack ni un fenómeno. Es un maleante, un chorizo, una deshonra para nuestra profesión.

La venta enfocada de esta manera es una venta a corto plazo, es una venta de engaño, es una venta que no logra la satisfacción y la fidelización del cliente, más bien al contrario. Los vendedores de verdad están orientados al cliente; satisfacer sus necesidades es la base fundamental de su trabajo. Una venta no orientada a satisfacer las necesidades del cliente no es una venta, es un atraco, una estafa. En esencia, vender es ayudar.

Ciertamente, convencer a alguien para que compre arena en el desierto debe de resultar una tarea muy complicada y tiene mucho mérito, ¡sin duda!, seguro que requiere grandes habilidades de persuasión. Es cierto, y el que compra tiene que ser un poco gilipollas, pero también robar un banco tiene su dificultad, ¿o no?, también debe requerir habilidades especiales. Pero las cosas por su nombre: el que roba bancos se llama ladrón, chorizo, y estos adjetivos pueden y deben también aplicarse a aquellas personas que venden productos engañando conscientemente a sus clientes. Es cierto que facturan, que colocan un producto, que lo enchufan, pero no lo venden, y no pueden llamarse vendedores. Por dignidad hacia los que intentamos hacer las cosas bien. La venta implica ayudar. Se trata de satisfacer las necesidades de los clientes, sin necesidad no hay venta. Puede haber alguien que coloque o enchufe un producto, pero que no lo llame vender. Recuerda la premisa del inicio del libro, «¿Tú a tu madre se lo harías?», pues al cliente tampoco si quieres llamarte vendedor.

La venta es ayudar; por eso la venta es una profesión gratificante, porque ayudar a los demás es fantástico. Todos tenemos un mecanismo interno que hace que cuando ayudamos a alguien nos sintamos bien. Pues la venta es eso precisamente: ¡ayudar a un cliente! Conocer qué es lo que necesita y ayudarlo a cubrir esa necesidad de la mejor manera posible. Esa es la síntesis, la esencia de las ventas, y por eso es un trabajo tan apasionante y tan maravilloso. Es muy gratificante ayudar a nuestros clientes, ver que están contentos.

Es cierto que ayudar es mucho más difícil que engañar, desgraciadamente es así, pero para los que no somos hijos de millonarios y no vamos a heredar tierras, nuestro patrimonio son nuestros clientes. Por eso queremos ayudarlos, para no perderlos, para que duren mucho. No se trata de vender, no. Se trata de vender, satisfacer y fidelizar a los clientes. Es de cajón, porque cuanto más contentos y fieles son, más duran, y cuanto más duran, más nos permiten ayudarlos y vivir así de nuestro trabajo.

Pero que duren no es el único objetivo. A veces pensamos que fidelizar es que el cliente permanezca mucho tiempo, pero no es así. Por ejemplo, vamos a imaginar que alguien en la oficina del banco ABN Amro de Maastricht se le ocurriese en este momento mirar la base de datos de clientes y tecleara mi nombre, «Victor Küppers». Podría ver en la primera columna, donde pone «edad», 46 años, y en la segunda columna, donde indica «antigüedad», 46 años. Sería para hacerme un monumento, ¿no? ¡46 años de edad y 46 de antigüedad en el mismo banco es un récord mundial! ¿Un monumento?, qué dices, un monumento, el nombre del aeropuerto y el nombre de ¡todas las plazas de la ciudad! Eso es lo que merecería, ¿verdad?, ¡como mínimo! Sin embargo, alguien más listo podría mirar la tercera columna, donde pone «saldo medio», y entonces vería que sería de 23 €. Ese debe ser aproximadamente mi saldo actual. Cuando nací mi abuelito me puso 100 florines, con el tiempo los florines pasaron a euros, y entre una comisión y otra se habrán quedado en algo así como 23 €. Vamos a ver, ¿46 años de antigüedad y un saldo medio de 23 €?, vaya mierda de cliente, ¿no? Mucha antigüedad, pero ¿dónde está su hipoteca?, ¿y su plan de pensiones?, ¿y sus créditos?, ¿y sus tarjetas?, ¿y sus seguros? Lo dicho, vaya churro de cliente. Lo que quiero decir es que el objetivo no es solo que el cliente dure mucho tiempo, el objetivo es también rentabilizar la relación con ese cliente, ayudarlo en todo lo que podamos ayudarlo, no solo con un producto concreto y en un momento determinado. Ayudar a un cliente durante muchos años es muy rentable, por eso decía que el trabajo de un vendedor consiste no solo en vender, sino que implica también satisfacer y fidelizar al cliente para mantener con él una relación a largo plazo, porque lo que permite ese largo plazo es rentabilizar esa relación a través de tres factores que veremos ahora, y lo haremos con un ejemplo.

Imaginemos que un cliente sale enamorado de una tienda de deportes, diciendo: «Ole, ole y ole», después de comprar un bote de pelotas de tenis: ¿qué ventajas tiene para esa tienda que un cliente salga tan contento? Básicamente tres:

- La venta de repetición. A partir de ahora, ¿dónde comprará siempre las pelotas de tenis? Esa es la primera gran ventaja, que volverá a comprar pelotas de tenis a esa tienda siempre que las necesite, y eso son ingresos recurrentes para la tienda.
- Los procesos de referencia. No solo las comprará ese cliente enamorado, sino que lo harán también sus amigos, familiares y todo aquel a quien se lo recomiende. Y esa es la segunda ventaja para la tienda. El mejor vendedor de un negocio es un cliente encantado que habla bien de nosotros; es mucho más efectivo y fiable que un anuncio en Nochevieja. Muchos vendedores vivimos principalmente de los procesos de referencia, del boca oreja de nuestros clientes.
- La venta cruzada. Ese cliente no solo comprará pelotas de tenis; el día que necesite una raqueta, ¿dónde la comprará?, ¿y cuando necesite unos calcetines? Un cliente ena-

morado tiene esta ventaja: pensará prioritariamente en nosotros para adquirir otros productos y servicios que ofrezcamos.

Podríamos añadir una cuarta ventaja, pero es un poco más difícil de cuantificar, aunque también es real: la menor sensibilidad al precio que tiene un cliente encantado. No insensibilidad, no, no, pero sí menos sensibilidad. Cuando un cliente está encantado, está enamorado, el precio es un factor secundario. Esta es una verdad más que demostrada por los expertos; lógicamente, siempre que la diferencia de precio con respecto a la competencia sea razonable. Por supuesto, yo no voy a pagar el doble por un bote de pelotas de tenis por muy encantado que esté con la tienda. Si puedo conseguirlo a mitad de precio en otro sitio, ya pueden dejarse la piel enamorando, que lo tienen muy crudo. Pero por una pequeña diferencia de precio, sin duda voy donde estoy encantado.

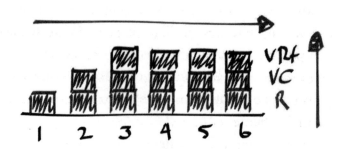

Siguiendo con el ejemplo anterior, sería fácil engañar a un cliente y venderle un bote de pelotas de tenis que puede costar, no sé, 4 o 5 € por 120 €. Muy fácil. Imagínate que el vendedor dijera: «Este bote de pelotas vale 120 €, pero tiene dos peculiaridades: la primera es que en el primer saque la pelota siempre entra, siempre». Alucinaríamos: «¿Siempre?». «Sí, sí, siempre. Tiene un chip que va conectado por GPS con un satélite de la NASA y eso hace que la pelota siempre entre en el cuadro de saque.» «Vaya, ¿y la segunda peculiaridad?» «¡Ah!, esa también es fantástica. La segunda característica es que estas pelotas no se gastan nunca, tú palmarás y seguirán impecables.» Estaríamos escuchando con los ojos como platos: «¿En serio?, póngame dos botes por si pierdo uno». Y ¡pam! ¡Vendidos! Podemos pensar que el vendedor es un crack, un fenómeno: ha vendido un bote de pelotas de 4 € por 120 €. ¡¡Ole!! El problema vendrá cuando el cliente empiece a usarlas. La primera vez que falle un saque puede que piense que está nublado y que falla la conexión con el satélite, pero a la segunda, a la tercera o a la cuarta empezará a mosquearse. ¿Y qué pasa si un cliente se mosquea? Pues que el vendedor se traga el bote de pelotas de tenis con las cuatro pelotas dentro, el cliente nunca más aparece por esa tienda y tampoco lo hacen sus familiares, amigos, conocidos y desconocidos. Ya se encargará él. Engañar, colocar, enchufar es mal negocio si quieres vivir de este trabajo. Si es para un mes o dos, entonces puede que te funcione.

11. *Es una profesión que te ayuda a ser mejor persona*

Esta ventaja la he dejado para el final porque es la que más me gusta.

Es una profesión en la que la actitud personal lo es casi todo. Es un trabajo fundamentalmente de relaciones humanas y, al final, estas se basan en la confianza. La actitud, nuestra manera de ser, es la responsable del 80 % de nuestros resultados comerciales.

Para vender son importantes los conocimientos, los títulos, los talentos, pero es mucho más importante ser buena persona. Para vender y para todo en la vida. Para ser padre, pareja, amigo, jefe. Las relaciones humanas se basan en principios y valores humanos. Los mejores vendedores son aquellos que son buenas personas. Es de cajón. En un trabajo que consiste en ayudar a los demás, las buenas personas tienen más empatía y más ganas de ayudar.

Si para vender hay que ser buena persona, eso implica que la venta nos ayuda a esforzarnos para ser cada día mejores personas. Mejorar como vendedores requiere mejorar como personas, desarrollar virtudes como la paciencia, la empatía, la honestidad, la amabilidad, la gratitud, etcétera, virtudes que nos ayudan también a ser mejores padres, mejores parejas, mejores amigos.

5.
La diferencia entre los cracks y los chusqueros

Si identificáramos a cuántas personas en nuestro país les gusta la montaña, probablemente serían varias decenas de miles; ahora bien, ¿cuántas de estas se dedican profesionalmente a la montaña? ¿Cuántas viven de subir o escalar montañas? Entonces serían solo unos pocos cientos. La inmensa mayoría son *amateurs*. De la misma forma, si pensáramos cuántas personas se dedican a las ventas también diríamos que son varias decenas de miles o varios cientos de miles. Pero igual que ocurre con los escaladores, la inmensa mayoría de vendedores son *amateurs*, mediocres, un churro, y solo una minoría son verdaderos profesionales.

$$V = (c + h) \times a$$

Hay dos cosas que diferencian a los grandes vendedores de los mediocres o chusqueros: la actitud y el método.

1. Actitud

Los grandes vendedores tienen pasión por las ventas, les encanta ayudar a sus clientes, disfrutan con su trabajo y lo desarrollan con entusiasmo. Tienen vocación de servicio y esta actitud la transmiten al cliente.

¿Cuántos vendedores hay que no disfrutan con su trabajo?, ¡¡cuántos!? Si a una persona no le gusta su trabajo, difícilmente dará el 100 %, nunca podrá desarrollar su potencial, nunca pondrá todas las ganas que son imprescindibles para desarrollar un trabajo tan difícil. Si uno disfruta con algo, sin duda lo transmite. Los vendedores deben transmitir una actitud fantástica a sus clientes. Si no se disfruta, es mejor dejarlo. Es terrible poner buena cara a todas horas «cuando no te sale», y uno puede hacer algunos trabajos poniendo mala cara, pero no las ventas, no si se quiere triunfar, porque los vendedores son como los actores, siempre están en escena, siempre están siendo juzgados. Por eso, o uno se lo pasa pipa, o es mejor dejarlo.

La actitud se refleja de muchas maneras: apasionarse, tener una manera de ser tan fantástica que enamore al cliente, ser positivo, amable, alegre, querer mejorar continuamente, no conformarse, ser perseverante, seguir aprendiendo, luchar, no tirar la toalla frente a las dificultades, ser proactivo, etcétera. Eso es lo que enamora a un cliente: la actitud y la manera de ser del vendedor. El 80 % de los resultados comerciales dependen de la actitud del vendedor.

No comentaré nada más sobre la actitud para no ser pesado, ya he hablado suficiente en el capítulo 2 y también me enrollé más de la cuenta en mis libros anteriores hablando de la actitud y de vivir con entusiasmo.

Solo debo señalar que la actitud no lo es todo. Si miras la fórmula valor = (conocimientos + habilidades) × actitud, multiplicar una gran actitud por cero conocimientos y cero habilidades da un resultado de cero al final. La actitud sin conocimientos ni experiencia no sirve para nada, ya lo dice aquella frase tan genial: «No hay nada peor que un inútil motivado». Un tonto con ganas es siempre un peligro, si alguien es corto más vale que no tenga muchas iniciativas o muchas inquietudes, mejor que sea paradito. La actitud es el factor diferencial, pero se apoya en unos conocimientos y en unas habilidades que se desarrollan con la experiencia.

2. Método

Muchas cosas en la vida requieren un método, un paso 1, luego un paso 2 y finalmente un paso 3. Es lo más lógico, por otra parte, ¡para muchas cosas en la vida hay fases! Primero quitas la chapa y luego te bebes la cerveza, hacerlo al contrario es más molesto y sucio que seguir los pasos normales ☺.

La venta requiere también de un método; se deben seguir unos pasos, unas fases. El peor vendedor es el que improvisa, el que no prepara, el que no tiene metodología. Seguir un método requiere trabajo y esfuerzo, implica una preparación concienzuda y un trabajo laborioso antes y después de las reuniones de ventas. La venta no es una profesión de «labia», de «elocuentes» ni de personas «con cintura», ¡ese tópico me pone muy nervioso!, sino que es una profesión compleja, con muchas variables que deben gestionarse, una función cada vez más profesionalizada, con mayor carga analítica y estratégica.

Si tuviéramos que hacer un símil, podríamos pensar en dos tipos de escaladores. Por un lado, piensa en un escalador que quisiera escalar una montaña de dos mil metros solo con las yemas de los dedos, sin apoyar los pies, sin cuerdas ni mosquetones, solo con sus dedos. ¿Qué crees que puede pasarle después de llevar cien metros subiendo y con las yemas de los dedos sangrando? Pues eso, que irremediablemente caería abajo. ¿Y qué le pasa a alguien que cae cien metros? Con toda seguridad, aunque fuera de Bilbao, palmaría.

Por otro lado, piensa en otro escalador que llega con su arnés, los mosquetones, las cuerdas, los zapatos especiales de escalada, etcétera. Nadie se reiría de él, ¿verdad?, ¿o alguien le llamaría cagueta y miedica? Claro que no, iría preparado como toca para el reto que se le presenta. ¿Por qué fija su posición cada pocos metros?, ¿porque tiene miedo y es un cobarde?, ¿porque es un novato?, ¿o porque es un profesional? De este modo, se asegura que si cae lo hace solo unos metros y puede reemprender su marcha con toda seguridad.

Lo mismo ocurre con los vendedores. Por un lado, hay aquellos que desarrollan las entrevistas de ventas «sobre la marcha», «a ver qué sale», con la excusa de que cada visita es diferente, cada cliente necesita cosas distintas o simplemente que «la venta es un proceso natural y aplicar un método la convertiría en algo artificial». Hay otros vendedores que han entendido que la venta requiere de mucha preparación, de planificación, de estudio, de que primero hay que entender muy bien las necesidades concretas del cliente antes de argumentar un producto o servicio y que debe realizarse una explicación completa de la propuesta antes de intentar cerrar la venta. Y comprenden que estos pasos se cumplen siempre.

SEGUNDA PARTE
Las técnicas (por fin)

Otra nota aclaratoria |

A los vendedores no nos gusta perder el tiempo ni que nos lo hagan perder. Por eso en esta segunda parte del libro nada de rollos, al grano, fuera todo lo superfluo. Seré sintético, claro y conciso. En términos futbolísticos: «corto y al pie». Me costará porque me enrollo mucho, pero lo conseguiré.

6.
Las fases de la venta

Hay quien piensa que por tener mucha experiencia no es necesario seguir unas fases. He escuchado muchas veces en mis sesiones aquello de «qué me va a contar a mí este pollo si llevo treinta años pateándome la calle vendiendo» o que «donde se aprende es en la calle, gastando suela, la práctica es lo importante, y no la teoría». No seré yo el que diga que la experiencia no es muy importante, quizá incluso más que los conocimientos, pero un vendedor que no estudia y que no se recicla, aquel que piense que no puede aprender nada más es un mediocre y una deshonra para nuestra profesión.

Yo puedo tener pasión por el tenis, dedicarle muchas horas, esfuerzo, ilusión, pero si nadie me explica que hay una cosa que se llama «empuñadura martillo» y que implica que a la hora de sacar hay que coger la empuñadura de la raqueta en una posición más cerrada, yo nunca sería capaz de descubrirlo por mí mismo, por mucha experiencia y muchas horas que hubiera dedicado por mi cuenta. Por mucho tiempo que hubiera consagrado a trabajar con el ordenador nunca habría descubierto a Siri (ese maravilloso invento que me permite dictar al ordenador lo que quiero escribir) si mi hijo pequeño no me lo hubiera explicado. Así que si alguien piensa: «Pero qué me vas a contar», que vaya rebobinando y corrigiendo. ¡Siempre se puede aprender algo, melón!

Pues vayamos a las fases de la venta a ver si aprendes algo, que ya va siendo hora para algunos ☺.

Trabajar con un método, prepararse o planificarse no es ser artificial, es ser profesional. Pensar que por seguir un método la venta se convierte en una actividad rígida y artificial es como decir que el trabajo de un traumatólogo es rígido y artificial. ¿Qué hacen cada día los traumatólogos? Pues lo mismo y en el mismo orden, vamos, lo que vemos en las películas: llegan y se lavan las manos con el antiséptico, les ponen los guantes, a continuación viene la anestesia, después rajan, ponen los clavos para arreglar el fémur de turno, cierran y, hala, posoperatorio. Estas son las fases de una operación y las siguen siempre en el mismo orden. Siempre. ¿Y si alguien tiene treinta años de experiencia?, ¡ah!, entonces no, en ese caso ya no hace falta seguir un método, ¿para qué? El que tiene mucha experiencia llega al hospital, ve al paciente y raja, luego se va a tomar un café al bar y a leer el periódico, luego anestesia, a continuación pone los clavos y cierra. Alguien podría sorprenderse: «¿Y entre la fase de rajamiento y anestesia no hay gritos de dolor?», «Hombre, hay algún paciente quejica, pero cerramos la puerta y ya puede desgañitarse que no se le oye». ¿Verdad que sería absurdo? Siempre se siguen las mismas fases, siempre se anestesia antes de rajar y se cierra después de arreglar la rotura del hueso, siempre, siempre, siempre. Aunque sea un médico con mucha experiencia. Pues los vendedores deberíamos hacer lo mismo. Siempre seguir un método, siempre prepararnos antes de hacer la visita, siempre preguntar antes de argumentar. Lo contrario es de *amateurs*, de chusqueros.

Pero eso no quiere decir que su trabajo sea rígido y artificial. De hecho, en los estudios que se hacen sobre profesiones que tienen más riesgo de ser sustituidas por un robot aparecen siempre en último lugar los médicos. Es verdad que hay «fases», pero luego cada fase se trabaja de manera diferente y ahí es donde la experiencia y el conocimiento del médico son cruciales. Existe la fase de anestesia, pero algunas veces se hace con una pastilla, otras veces primero te atontan y luego te pinchan, otras es anestesia local, o parcial, o total, o epidural. Luego hay la fase de rajamiento, pero hay pacientes que requieren un cúter del dos y otros una sierra, porque no es lo mismo llegar al fémur de una señora de 107 años que casi no tiene músculo que al de un deportista con muchos músculos. Perdón, he dicho cúter pero quería decir bisturí.

Lo mismo ocurre con la venta. La fase de necesidades tiene diferentes técnicas y es el vendedor el que debe decidir cuando aplica unas u otras, igual ocurre con las diferentes técnicas de cierre o las múltiples maneras de argumentar una propuesta.

Tener un método ayuda en gran medida a los vendedores. Lo peor para un vendedor y lo que trata de evitar a toda costa es el sufrimiento. No saber contestar a determinadas preguntas del cliente, explicar el producto de manera poco convincente, no saber cómo justificar un precio, etcétera, son circunstancias que provocan un sufrimiento innecesario al vendedor. Y todos hemos pasado por estas circunstancias, que en ocasiones son muy incómodas y desagradables. Pero la solución es muy fácil, mucho. Más preparación, menor sufrimiento; cuanto más preparado está el vendedor, menos sufre.

Contesta estas preguntas: ¿cómo es tu casa?, ¿qué tipo de muebles tiene?, ¿cuántas habitaciones?, ¿cómo está distribuida? ¿Verdad que resulta sencillo contestarlas? Ahora inténtalo con estas: ¿cuántos metros cuadrados tiene el país en el que vives?, ¿cuántas especies de pájaros viven en tu ciudad?, ¿cuántos kilómetros hay entre Barcelona y Camprodon?; más difícil, ¿verdad?, ¿cuesta más contestarlas? Seguro. ¿Cuál es la diferencia? Muy simple, las primeras son cosas que uno sabe, las segundas no. Cuando uno tiene el conocimiento previamente, entonces es mucho más fácil contestar una pregunta, es así de simple. La venta es más fácil si se prepara. Mucho más. Más preparación, menos sufrimiento. No hay que ser muy espabilado para entenderlo ☺.

Es verdad que cada venta es diferente, cada sector tiene sus peculiaridades, cada cliente, sus necesidades concretas. Diferentes sectores, clientes o circunstancias requieren diferentes enfoques. Es verdad. Como cada paciente es diferente, cada rotura de un hueso tiene sus peculiaridades y diferentes patologías requieren diferentes enfoques médicos. Pero siempre, siempre, siempre, un traumatólogo que opera una rotura de un hueso empieza por la anestesia, luego raja, soluciona el problema, cierra grapando o cosiendo y luego manda al paciente al posoperatorio. Siempre en este orden, siempre. Como hemos comentado antes, no hay traumatólogos que primero abran y luego anestesien. Ninguno, salvo los chusqueros.

Igualmente, un proceso de ventas debe seguir siempre unas fases determinadas que son comunes a todos los sectores, al margen de que algunos tengan sus peculiaridades, como podría ser la fase de la prueba de un vehículo en el sector de la venta de automóviles o la fase del probador en una tienda que venda ropa, pero siempre se deberían seguir estas fases:

1. Preparación.

2. Conexión inicial.

3. Detección de necesidades.

4. Argumentación del producto o servicio.

5. Argumentación de objeciones.

6. Cierre o no cierre.

FASE 1 DE LA VENTA:
Preparación

La primera fase de la venta es la preparación. Es la primera y, probablemente, la más importante. Si trabajas bien esta fase, el resto de la venta será más sencilla porque el resto de fases se apoyan en esta.

Una adecuada preparación de la venta incluye, principalmente, los siguientes puntos:

1. Conocimiento de la compañía

Algunos puntos son muy obvios, de sentido común, y este es uno de ellos. Para que puedas trabajar adecuadamente tus entrevistas de venta, argumentar sus productos, negociar o dar explicaciones precisas a tus clientes, es necesario que conozcas muy bien la cultura y filosofía de la compañía que representas, sus políticas y principios de actuación, su historia, su trayectoria, su estrategia y sus objetivos, su organización.

Toda esta información te será de gran utilidad en diferentes momentos o circunstancias de la venta: para transmitir credibilidad y confianza, para dar explicaciones convincentes, para rebatir objeciones, para aclarar dudas del cliente, para adquirir compromisos, para guiar su forma de actuar, etcétera.

Este conocimiento de la compañía también debería incluir un DAFO, es decir, un análisis de sus Debilidades y Amenazas, por un lado, y de sus Fortalezas y Oportunidades por otro.

2. Los clientes

CONOCER EL MERCADO

También es necesario conocer el mercado en el que te mueves. En concreto, son aspectos muy importantes, principalmente, los siguientes:

- Características generales del mercado: tamaño, entorno legal, etcétera.
- Evolución pasada y previsiones futuras de ventas, tamaño, etcétera.
- Análisis de la oferta: número y tipo de competidores. Características y situación geográfica.
- Análisis de la demanda: número y tipo de clientes. Características y situación geográfica.

Conocer al cliente

Antes de salir a vender es de cajón que sería bueno tener la mayor información posible del cliente. Algunos datos relevantes serían, principalmente, los siguientes:

- Características de la compañía del cliente: historia, cultura, políticas, etcétera.
- Necesidades del cliente en cuanto a productos o servicios que ofreces.
- Sus principales motivaciones de compra, sus criterios a la hora de tomar decisiones de compra.
- Su proceso de decisión de compra (plazos, etapas, etc.) y las personas que intervienen. Es muy importante identificar y diferenciar entre decisores (las personas que toman la decisión final de compra por parte del cliente), influenciadores (personas que sin tener la responsabilidad de tomar la decisión de compra sí que influyen en ella) y los usuarios (las personas que utilizarán nuestro producto o servicio, que pueden tener cierta influencia en el proceso final de decisión).

- Los productos o servicios que te compra habitualmente, en el caso de ser un cliente antiguo.
- Los productos o servicios que no te compra pero que te puede comprar. Esto es algo importante y en lo que algunos no piensan.
- Evolución cuantitativa de sus ventas en unidades y euros, así como la periodicidad de los pedidos.
- Reclamaciones e incidencias del cliente, para poder verificar su resolución satisfactoria.
- Características personales de nuestro interlocutor: su forma de ser y de comportarse, su perfil personal, etcétera.
- Notas, comentarios, consideraciones que hayas anotado acerca de la última visita realizada y que son importantes para la próxima visita de cara a realizar un seguimiento o simplemente para tenerlo en cuenta para facilitar su desarrollo.
- En los casos en los que sea posible, ayuda mucho observar y analizar la ubicación del cliente, la zona, los accesos, el escaparate, los productos expuestos, las promociones y los precios, la disposición de los lineales, la presencia de productos competidores y propios, la imagen general, el tipo de clientes, el número de personas que allí trabajan, etcétera. Toda esta información puede resultarte muy útil posteriormente.

GESTIONAR LA CARTERA DE CLIENTES:

3 ESTRATEGIAS DE ILUMINADO

Utilizando el sentido común, si uno quiere vender más se me ocurren cuatro estrategias. Las llamo irónicamente «de iluminado» porque son obvias. Sí, sí, muy obvias, pero muchas veces, demasiadas, obviamos lo obvio.

La cuarta estrategia, que es la de subir precios, no la comentaré porque tiene sentido, y mucho, cuando la demanda es muy elevada o cuando se quiere mantener un posicionamiento determinado, pero como subir precios es fácil y hay poco que comentar sobre cómo hacerlo, salvo con mucho cuidado, me centraré en las otras tres.

3 ESTRATEGIAS DE ILUMINADO

+ CLIENTES NUEVOS	- CLIENTES PERDIDOS	+ VENTAS CL. ACTUALES
PLAN DE CAPTACIÓN	PLAN x MEDIR SATISFACCIÓN	REF. QUE PODRÍA COMPRAR +
GESTIÓN DE REFERENCIAS	PLAN x ENAMORAR ABC⁺/ABC⁻	REF. QUE ▽ VTAS
	PLAN x RECUPERAR CL. PERDIDOS	REF. QUE NO COMPRA Y PODRÍA

a. Tener más clientes nuevos

Esta es la primera estrategia, y a mí se me ocurre que se puede hacer de dos maneras.

* En primer lugar, desarrollando un plan de captación de clientes. Puede parecer algo complicado, pero no lo es. Al contrario, es extremadamente sencillo. Su creación o planteamiento es sencillo, lo duro, lo que tiene mérito, lo complicado, es la disciplina para llevarlo a cabo, y la palabra es esa: disciplina. Elaborarlo es tan sencillo como pensar qué segmento de clientes te interesa, hacer a continuación un listado con nombre, dirección y teléfono de esos potenciales clientes, decidir cuántas llamadas para concertar una cita haré cada día, cada semana o cada mes y finalmente hacer las llamadas y su posterior seguimiento. Así de fácil, ¡pim pam!

Lo importante es preparar muy bien las llamadas a puerta fría porque no es fácil hacerlas, así que mejor no dejar nada (o lo mínimo) al azar. Existen numerosos libros y cursos que te ayudarán a hacerlo. Hay que prepararlas, practicarlas, darles varias vueltas, probarlas con amigos conocidos para estar continuamente mejorando la forma de hacer las llamadas. Al final, nuestro trabajo como vendedores se reduce a ratios: «x» llamadas dan lugar a «x» visitas, y «x» visitas dan lugar a «x» cierres. Si quieres más cierres, tienes tres opciones: o hacer más llamadas, o hacer mejor las llamadas para conseguir más visitas, o mejorar la calidad de tus visitas; no hay otra.

Lo crítico en un plan de captación, como decíamos antes, es la disciplina de hacer las llamadas que tocan independientemente de que se tenga mayor o menor éxito, de que apetezca más o menos, de que se consigan los objetivos o no, porque lo fácil es tirar la toalla cuando las cosas no salen, y lograr visitas concertadas por teléfono es una de las cosas más difíciles que hay en la vida. No nos están esperando con los brazos abiertos, hay filtros muy difíciles de pasar hasta lograr hablar con la persona que nos interesa y hay muchas objeciones clásicas como: «No me interesa», «Llame más adelante» o «Ya estamos servidos». Hay que ser un crack para no venirse abajo y seguir haciendo llamadas con disciplina, porque cuando se consigue cerrar una visita entonces la adrenalina y el chute compensan todos los disgustos y esfuerzos anteriores. Hay mucho cobarde que piensa: «Esto en mi sector no funciona», «Esto en mi caso no va bien», cuando en el fondo lo que están diciendo es: «Me da pánico», «Me molesta hacer algo que supone tanto esfuerzo».

Hay vendedores que deciden directamente hacer visitas y presentarse en casa del cliente, sin llamar previamente para concertar una visita. Dependiendo del sector y de las circunstancias también puede ser efectivo.

- La segunda manera de poder captar clientes nuevos es mediante las referencias de nuestros clientes, de que nos recomienden. Hay veces que se les puede pedir directamente que nos recomienden a alguien porque hay confianza, otras veces hay que estar atento a las conversaciones porque puede surgir una referencia y otras veces solo queda ser creativo. Por ejemplo, recuerdo a un cliente que alquiló una sala de hotel y pidió a veinte amigos suyos que cada uno trajera a dos acompañantes a una presentación que él iba hacer de sus productos. Cuando veinte amigos quieren ayudarte, eso significa tener en la sala a sesenta personas que pueden estar interesadas en tu producto, sesenta potenciales clientes, y si de esos sesenta hay dos o tres que finalmente compran, entonces la reunión habrá valido la pena, y mucho.

b. Perder menos clientes

Hay vendedores que no saben cuántos clientes pierden. A veces perder a un cliente no significa que se marche, que facture cero. A veces se van poco a poco, comprando cada vez menos, y hay que detectarlo antes de que sea tarde. Para perder menos clientes, algunas de las cosas que podrían hacerse serían las siguientes:

- Medir su satisfacción: por teléfono, personalmente, como sea más efectivo en cada caso, pero hay que preguntarle al cliente si está contento.
- Plan para enamorar a los clientes. Es algo que puede parecer también complicado pero que en realidad es extremadamente sencillo. Consiste en planificar y calendarizar contactos periódicos con los clientes, contactos que sorprendan, que les demuestren que los apreciamos. Por ejemplo, yo en mi plan para enamorar a los clientes tengo establecido que en las primeras visitas regalo una caja de galletas, unas semanas después de la reunión les envío un *mail* trabajado, amable, afectuoso, diciéndoles que les recuerdo con cariño y les deseo que todo les vaya muy bien, pasados unos meses puedo enviar un artículo o regalar un libro y después de un año visito a algunos de ellos. Yo gestiono pocos clientes, quizá lo tenga más fácil, pero es cuestión de ser creativo, aprovechar las ventajas de la tecnología para hacerlo más sencillo o incluso diferenciar las acciones según el tipo de clientes o su importancia para nosotros. También felicito aniversarios y el verano, ya no felicito la Navidad porque mis clientes deben recibir tantas felicitaciones que la mía les pasaría desapercibida, pero me he dado cuenta de que felicitarles el verano, además de no pasar desapercibido, les sorprende y les hace gracia. Y eso es lo

que quiero, que me recuerden de manera positiva. Quizá te parezca raro lo que dije antes de la caja de galletas. Lo hago porque en Camprodon, donde vivo gran parte del año, hay una fábrica centenaria que hace unas galletas espectaculares. Este detalle me permite tres cosas con mis clientes: regalar algo buenísimo, llamarles la atención porque nadie regala galletas y, por último pero muy importante, como la caja de galletas es metálica y muy chula, resulta que no la tiran y la utilizan para guardar cosas y de paso recordarme cada vez que la ven ☺.

Este plan lo que persigue es mantener el contacto con los clientes, cada uno tiene que pensar el suyo, tiene que ser muy personal, muy auténtico. En ningún caso se trata de manipular al cliente o de tenerlo contento para que nos compre más. No, no, para nada. Si lo haces así, no servirá de nada. Es todo lo contrario. Hay que hacerlo porque quieres a los clientes, sí, sí, has leído bien, porque los quieres. Si no quieres a tus clientes, dedícate a otra cosa. Cuando los quieres, estás encantado de enviarles un *mail* para saber cómo están, desearles un feliz verano o regalarles un libro. Lo haces porque los quieres, para demostrárselo. Y cuando ellos notan ese cariño, entonces te tendrán presente si necesitan algo. Así funcionan las relaciones humanas y las comerciales, porque los cerebros, como los corazones, van donde se sienten apreciados.

- Plan para recuperar clientes perdidos. Haz un listado de clientes que hace mucho tiempo que no te compran y llámalos, pregúntales cómo les va, si necesitan algo, por qué no han vuelto a comprarte, en qué puedes ayudarlos. Cada vez que pierdas a un cliente pregúntale por qué, aprenderás mucho, podrás pedir perdón si te equivocaste y mejorarás. Además, el cliente lo agradecerá y le sorprenderá favorablemente. Se puede perder un cliente, pero no necesariamente tiene que estar cabreado y hablar mal de ti.

c. Vender más a los clientes actuales

Esta tercera estrategia implica analizar estas tres cosas de cada cliente:

- Qué productos o servicios compra habitualmente pero podría comprar en mayor volumen.
- Qué productos compra pero cada vez menos desde hace un tiempo.
- Qué productos no compra y podría comprar.

Logística

Aunque parezca una tontería, también hay que tener en cuenta dónde será la reunión con el cliente y otros aspectos logísticos:

- Localizar la dirección exacta de la reunión.
- Planificar el desplazamiento y prever soluciones de aparcamiento si fuera necesario.
- Recopilar el nombre de la persona que se visitará y sus da-

tos de contacto por si surgieran imprevistos: no encontrar la localización, dificultades para encontrar aparcamiento y llegar tarde, etcétera.

- Preguntar cuántas personas asistirán a la reunión y, si fuera posible, su responsabilidad. De este modo, podemos llevar a la reunión los materiales necesarios para entregar a cada uno de ellos. A mí me ha ocurrido muchas veces no tener suficientes tarjetas profesionales y dejar a alguien sin. ¡Quedas fatal!

3. Objetivo-guion de la visita

Lo peor que puede hacer un vendedor es improvisar las visitas, ir con el objetivo abierto de «lo que salga». De este modo, lo más probable es que no salga nada.

Cada visita debe tener un objetivo. Tener un objetivo ayuda a enfocar la atención y los esfuerzos, a preparar mejor su consecución y a incrementar de este modo sus posibilidades de logro.

Algunos objetivos para realizar una visita serían los siguientes:

- Explicar un nuevo producto.
- Lograr un pedido.
- Lograr un pedido de determinado importe.
- Presentar un nuevo producto o servicio.
- Realizar un seguimiento de algún tema pendiente.

- Resolver problemas o reclamaciones.
- Realizar una visita de cortesía.

Una vez que se tiene el objetivo, hay que pensar en la estrategia. La estrategia de la visita es el enfoque que querríamos darle, los temas que nos gustaría tratar y el modo de hacerlo, el orden en el que se abordarán los temas, etcétera. Vamos, el guion de toda la vida, que se plasma en un breve esquema del desarrollo planificado de la visita, de cómo nos gustaría que transcurriera, qué temas trataremos antes, cuáles dejaremos para el final, qué preguntas haremos, qué queremos que quede muy claro, etcétera.

Tener este guion ayudará a no improvisar, a no olvidar las cosas, a mantener un orden durante la reunión y, como consecuencia de todo ello, a maximizar las posibilidades de lograr los objetivos previstos.

4. Materiales

Por sentido común, cuando uno piensa en el guion le pueden venir a la cabeza posibles materiales que sería bueno llevar a la reunión: imágenes, muestras, folletos... Es verdad que algunos materiales serán siempre los mismos, la libreta y el boli, por ejemplo, pero la necesidad de otros surgirá del planteamiento de los objetivos y la definición de la estrategia de la visita.

Como ejemplo, algunos materiales importantes que hay que tener en cuenta podrían ser los siguientes:

- Tarjeta profesional.
- Libreta y bolígrafo. O pluma, o lápiz. Vamos, algo para escribir.
- Catálogo o dosier de empresa.
- Catálogos o folletos de productos o servicios.
- Fotografías, informes o cualquier otra documentación escrita que pueda ser de ayuda durante la visita para explicar un producto, reafirmar sus características, etcétera.
- Muestras o elementos demostrativos.

¿Quién no se ha dado cuenta justo al llegar a la reunión que se ha olvidado de un catálogo?, vaya manera de sufrir y de hacer el ridículo ☺. ¿O quién no ha olvidado llevar a una reunión papel y bolígrafo?, ¿qué haces?, ¿se lo pides al cliente?, ¡vaya manera tan lamentable de empezar! ¡Preparación, coño, preparación!

5. Imagen

Como se verá en la fase de «Conexión inicial», tu imagen es muy importante para las consideraciones que pueda extraer el cliente acerca de tu profesionalidad o de la confianza que transmitas.

Una imagen adecuada sería aquella que se caracterizaría por:

- Adecuada y adaptada al interlocutor: en ocasiones es necesario vestir traje y corbata, en otras es mejor una vestimenta más informal. Como te presentes a vender a un agricultor y aparezcas en sus terrenos con traje y corbata, puede que el cliente salga corriendo pensando que eres un inspector de Hacienda.

- Yo creo que deben evitarse las estridencias y adoptar, más allá de los gustos personales, vestimentas y complementos que sean neutros. Es importante recordar que no solo transmites tu imagen personal, sino también la imagen de la compañía que representas. ¿Te gustan las camisas verdes con corbatas amarillas de flores?, pues póntelas el domingo en tu casa.

La imagen personal no es la única que hay que cuidar. También hay que tener en cuenta la imagen de los materiales, las libretas, bolígrafos (cuántas veces habré visto a vendedores con bolígrafos mordidos, chupados o con la babilla bajando por el interior del Bic Cristal). ¡Ah!, y la imagen del vehículo, porque conozco a más de uno que aparca muy lejos para que el cliente no le vea el coche de lo sucio que está.

Piensa en tus materiales: ¿transmiten lo que quieres que el cliente piense de ti? Cuando no nos conocen, nos evalúan y nos valoran por lo que transmitimos, y eso incluye, por supuesto, la cara, pero también la imagen personal y la de los materiales.

6. Argumentario de producto o servicio

Sin un conocimiento profundo de los productos que se venden es muy difícil desarrollar una venta de calidad. Conocer muy bien los productos o servicios que se venden cuando la demanda es muy grande y es fácil vender los productos, cuando se despacha y es el cliente el que compra los productos, no es algo crítico. Al fin y al cabo, el cliente no requerirá de muchas explicaciones. Sin embargo, en entornos muy competitivos, donde la oferta supera a la demanda, donde el cliente no compra sino que el vendedor debe tener la habilidad de vender, argumentar adecuadamente un producto y explicarlo de forma convincente se convierte en un aspecto de suma importancia. La seguridad y la confianza que transmite un vendedor, su capacidad para enamorar se transmite de dos maneras: por su actitud y por la explicación convincente y persuasiva de su oferta, para lo cual es imprescindible dominar sus productos y servicios. Cuando hablemos de la argumentación de un producto se entenderá mucho mejor la importancia de este punto.

Para conocer bien los productos o servicios que uno vende existen numerosas fuentes: la literatura técnica disponible en la propia compañía o en los proveedores, los folletos de los productos, la información que se publica en revistas profesionales, los conocimientos que pueda transmitir el propio cliente, etcétera. Pero hay que estudiar, la venta requiere empollar, y son muy pocos los vendedores que lo hacen, así que la mayoría no son convincentes explicando su producto, se quedan en lo obvio, en lo que el cliente ya sabe o puede leer en un folleto.

Los «argumentarios de producto» son algo simple aunque muy laborioso de elaborar, pero sobre todo son una herramienta muy muy útil para un vendedor profesional, y deberían incluir básicamente esta información:

- Características de los productos y servicios.
- Ventajas para el cliente de cada una de estas características.
- Principales objeciones que puede poner un cliente.
- Argumentos para rebatir cada una de estas objeciones.

Sin tener trabajado y estudiado un argumentario de este tipo no se puede vender bien. ¿Cómo se haría?, que me lo expliquen, porque yo no lo entiendo. Solo se puede despachar o hacer el merluzo.

En la fase de «Argumentación del producto o servicio» profundizaré en la elaboración y gestión adecuada de este tipo de argumentarios.

7. Argumentarios de la competencia

Para poder vender de manera profesional y efectiva también es muy importante conocer a nuestros competidores con la mayor profundidad posible. Hay que saber con quién nos compara el cliente, cuál es la alternativa a nuestra oferta. De este modo, te encuentras más preparado para argumentar tu producto, defender tus debilidades y destacar tus fortalezas con respecto a los productos o servicios de la competencia.

Un adecuado conocimiento de la competencia debería incluir también un DAFO de nuestros principales competidores:

- Características de los productos y servicios de nuestros competidores.
- Sus principales puntos fuertes.
- Sus debilidades.
- En qué somos mejores, para poder destacarlo en nuestros esfuerzos comerciales.
- En qué somos más débiles, para poder preparar una argumentación defensiva cuando nuestros clientes lo requieran.

Toda esta información debería plasmarse en «argumentarios de la competencia» y se debería mantener actualizada de manera permanente, obligándote a estar constantemente muy atento y pendiente de la competencia.

Algunas fuentes de información para estos argumentarios son los propios productos y servicios de la competencia, la información facilitada por los propios clientes, experimentar el proceso de venta de la competencia como si fuéramos clientes, pedir a personas conocidas que también experimenten este proceso y nos faciliten sus conclusiones más relevantes o información publicada en revistas profesionales del sector.

8. Argumentarios de objeciones que se puedan prever

Este punto es de locos. Para mí es el punto crítico, el más importante del proceso y el que sin duda diferencia a los cracks de los chusqueros: cómo se contestan las objeciones del cliente. Y es de locos porque muchas se pueden prever y muy pocos vendedores las preparan por anticipado. Es como ir a un examen, saber las preguntas por adelantado y no estudiártelas. De locos o de cazurros, ¿verdad? Pues te aseguro que yo he visto a muchos cazurros por ahí sueltos. Y qué ganas de sufrir, porque siguiendo con el símil del examen es como intentar contestar una pregunta que no te has estudiado: improvisas, apelas al Espíritu Santo, sufres, porque la realidad es que sufres, y encima ¡das una respuesta que es un churro!

La venta no es de improvisación. Si se puede prever que un cliente nos hará una objeción, tiene muy poco sentido no llevar un argumentario o una respuesta muy preparada. Salvo que se quiera sufrir. Para hacer un buen argumentario de objeciones hay que utilizar papel y lápiz, ver las cosas desde la óptica del cliente, pensar y reflexionar mucho los argumentos, mejorarlos, contrastarlos con otras personas expertas, enriquecerlos con información que puedan darnos los clientes, probarlos y estar constantemente mejorándolos. Aquí ya puedes darte cuenta de que si no conoces bien tus productos o servicios y los de tu competencia, es difícil hacer un buen argumentario de objeciones.

FASE 1 DE LA VENTA: PREPARACIÓN

Conceptos básicos	Ideas importantes
1. COMPAÑÍA	1.1. Destacar dos ideas que cumplan estos requisitos: ser diferentes con respecto a la competencia y ser relevantes para el cliente. 1.2. Diferenciar estas dos ideas según la tipología del cliente.
2. CLIENTE	2.1. Identificar necesidades comunes que tienen diferentes tipos o segmentos de clientes para poder adaptar las visitas y argumentos.
3. OBJETIVO-GUION	3.1. Al preparar cada visita, definir objetivos claros y a partir de ahí, planificar el guion deseado y los materiales necesarios.
4. MATERIALES	4.1. Materiales que deberían llevarse a la visita con el cliente: papel, bolígrafo, tarjetas, folletos, catálogos, muestras, etc.
5. IMAGEN	5.1. Cuidar la imagen personal y de los materiales de venta.
6. ARGUMENTARIOS DE PRODUCTO	6.1. Actualizados de manera periódica.
7. ARGUMENTARIOS DE LA COMPETENCIA	7.1. Actualizados de manera periódica.
8. ARGUMENTARIOS DE OBJECIONES	8.1. Actualizados de manera periódica.

FASE 2 DE LA VENTA:
Conexión inicial

La segunda fase es la de «Conexión inicial», esos primeros minutos de una visita en los que solo hay un objetivo. No es el momento de hacer preguntas, de saber lo que necesita el cliente o de explicarle lo fantástico que son nuestros productos y servicios. No. Solo hay un objetivo: causarle al cliente una impresión descomunal y que internamente piense: «¡Ole, ole y ole!». Esto es como el escalador de la montaña. No está pensando en la cima o en la grieta que se encontrará unos metros más adelante, no, no, está pensando solamente dónde pondrá el próximo pie y la próxima mano. Pues el vendedor profesional igual, está concentrado y solo le preocupa esta fase de la venta, lo que tenga que venir ya vendrá, y concretamente está muy concentrado en los puntos que detallo a continuación porque son los que pueden ayudarlo a causar esa primera impresión tan fantástica que busca.

1. Revisar nuestra imagen

Puedes preocuparte de salir de casa con la imagen ideal (como vimos en la fase anterior de «Preparación»), pero, por diferentes circunstancias (trayecto en el coche, tiempo transcurrido...), puedes no llegar impecable a la visita con el cliente. Dedicar un minuto a revisar que la imagen es adecuada, rehacer el nudo de la corbata que se ha deshecho (si tienes la mala suerte de llevar corbata), colocar bien la camisa que se ha salido de la falda o del pantalón, limpiar una mancha de polvo, etcétera, nos ayudará a ofrecer una buena primera impresión.

Mientras esperamos en la sala de espera o donde nos dejen, es importante cuidar la posición de espera. Los vendedores chusqueros no se preocupan por estas cosas, pero los profesionales sí. Mientras uno espera, el cliente puede llegar en cualquier momento y «pillarnos» en una postura incorrecta, tocando lo que no debemos, hablando por el teléfono o realizando cualquier otra cosa que perjudique nuestra imagen y la primera impresión que se da al cliente. Un vendedor profesional espera en posición de «alerta», cuidando la postura y sin hacer nada inconveniente, sabiendo que el cliente puede «entrar» en cualquier instante.

Una vez que el cliente nos recibe, debemos concentrarnos en los siguientes aspectos:

• Sonreír. No cuesta nada mantener una cara agradable, sonriente, ya que las percepciones que extraerá nuestro interlocutor serán mucho más positivas. No hay nada más desagradable para un cliente que la cara desagradable de un vendedor. Ya sé que me repito, pero es que es importantísimo y facilísimo. A las personas normales nos gustan las personas agradables, fáciles, que sonríen. Y los clientes suelen ser personas normales.

- Postura. Es importante la postura que se mantenga delante del cliente para causarle una buena primera impresión. Cuidar la forma en que estrechas la mano, cómo colocas los brazos mientras hablas, cómo te sientas, dónde colocas las manos, etcétera. Todo cuenta, todo es importante, todo suma para poder dar una buena primera impresión.

- Contacto visual. Igual que la sonrisa es importante, hablar manteniendo un contacto visual es algo crítico. Para causar desconfianza en el cliente, nada mejor que hablarle o escucharle sin mirarle a la cara. Es infalible. Tú decides si quieres transmitir confianza o no, quizá haya alguien que prefiera transmitir que es un borde, no sé tú.

- Cuidar las palabras. Siempre es importante cuidar las palabras, pero especialmente las primeras, y sobre todo en el caso de clientes nuevos, con personas que no conocemos, porque su primera impresión saldrá de la postura, de la cara que pongamos y de lo que digamos. Estas primeras palabras deberían ser cuidadas, amables y educadas. Habría que evitar un lenguaje excesivamente informal cuando no es adecuado, las palabras altisonantes; mantener siempre el respeto.

Dar una pobre primera impresión es empezar con mal pie. Si se empieza mal, luego hay que hacer el esfuerzo por recuperar la imagen, siempre algo complicado. Es de merluzos.

2. Puntualidad

Poco que decir que no sea de sentido común. Y cuando por cualquier circunstancia no se pueda ser puntual, hay que avisar con antelación, pedir disculpas al inicio de la reunión y reiterar las disculpas al final.

3. Entregar la tarjeta de visita profesional

En el momento de presentarse es conveniente entregar, sin prisas ni agresividad, la tarjeta profesional. Aunque algunos vendedores prefieren entregar la tarjeta de visita al final de la reunión, las ventajas de entregarla en este momento son tres:

- Entregar la tarjeta es un gesto de profesionalidad.
- Hacerlo ahora permite al cliente conocer con mejor precisión con quién está hablando.
- Además, en muchas ocasiones nuestro gesto provoca que nuestro interlocutor nos entregue también su tarjeta profesional. ¡Esta es la gran ventaja!, ya que, por un lado, nos permite recordar su nombre en caso de haberlo olvidado (¡cuántas veces con los nervios del primer contacto hemos

olvidado el nombre de una persona que acabamos de conocer!) y, por otro, nos permite conocer su cargo, lo que puede darnos una idea de su responsabilidad y su capacidad de decisión, nos ayudará a enfocar de manera más acertada nuestra reunión o, si no queda claro en su tarjeta, saber que en algún momento y con mucha delicadeza tendremos que averiguar qué cargo o responsabilidad tiene.

Si estas ventajas las tengo cuando entrego la tarjeta al inicio de la reunión y las pierdo si lo hago al final, creo que es fácil decidir cuándo es mejor entregarla, ¿no?

Es muy importante que la tarjeta profesional esté cuidada, sin manchas ni esquinas dobladas. La tarjeta refleja nuestra imagen y puede que nos ayude a parecer profesionales o, por el contrario, parecer unos melones. Algunos vendedores utilizan cajas especiales para que sus tarjetas no se estropeen dentro de su maletín o mochila.

4. Romper el hielo

Siempre que sea posible, habría que intentar romper el hielo. Dada la tensión que existe en los primeros momentos, tratar de hablar sobre temas más banales o socializar sobre aspectos que no tienen que ver estrictamente con el motivo de la visita siempre ayudará a que nos relajemos, facilitará el encuentro de afinidades y ayudará a conocer mejor la forma de ser del interlocutor.

Para romper bien el hielo es necesario tener en cuenta las siguientes recomendaciones:

- Salvo que haya un acontecimiento climatológico espectacular como un huracán, un tornado o una nevada en la playa, es mejor no usar el recurso de hablar del tiempo. Es mi opinión personal. Es una forma negativa de romper el hielo porque está muy usada y todos sabemos que es un tema que en realidad nos importa un pepino. Qué triste empezar una conversación diciendo: «¿Qué?, parece que ya ha llegado el invierno, ¿no?». Es una forma artificial y poco auténtica de romper el hielo.
- Ser prudente. Evitar temas que puedan resultar conflictivos o que puedan reflejar desacuerdos, como los relacionados con la situación política, temas deportivos, etc.

Si no se sabe cómo romper el hielo, es mejor no hacerlo. Es mejor ser natural que artificial, y si uno intenta hacerlo de manera forzada, transmitirá al cliente esta falta de autenticidad.

En muchas ocasiones, es el mismo cliente el que nos facilitará romper el hielo con algún comentario o pregunta. En este caso, los malos vendedores no «cogen el guante», pero los cracks sí porque están concentrados. Preguntas como: «¿Te ha resultado fácil encontrarnos?», «¿Tu apellido es alemán?», etcétera, son preguntas que hace el cliente que permiten romper el hielo, por eso deben evitarse respuestas rápidas y concisas, sino que habría que aprovecharlas para iniciar una conversación social.

5. Gracias-objetivo-tiempo

Este punto también es fácil. Y muy rentable, porque causa una impresión fantástica y cuesta poquísimo esfuerzo. Hay que encadenar tres frases:

- La primera: agradecer al cliente que nos reciba. Esto es una muestra de educación, los clientes que nos reciben también tienen muchas cosas que hacer y un hueco en sus agendas para escucharnos es un gesto que se debe agradecer. No cuesta nada decir: «Muchas gracias por recibirme». Y como nadie da las gracias es diferencial. ¿No buscamos diferenciarnos? Pues mira qué fácil.
- La segunda: explicarle el motivo de nuestra visita. Es importante clarificarle las expectativas y proponerle un objetivo de la reunión para informar al cliente, que sepa lo que puede esperar y, en caso necesario, obtener su conformidad y compromiso.
- La tercera: informarle del tiempo que necesitamos para desarrollar el objeto de la reunión o preguntarle de cuánto tiempo dispone. Lo importante es darle la imagen de que no vamos a «quitarle» más tiempo del que pueda haber programado y dejar explícita la duración inicialmente prevista de la reunión. Los clientes no están para rollos patateros. En ocasiones, si no se trabaja bien este punto, puede ocurrir que nos encontremos con la sorpresa, a mitad de la reunión, de que el cliente tiene que marcharse porque se ha agotado el tiempo que tenía previsto. Al

no disponer de esta información, habremos cometido el error de no planificar el desarrollo de la reunión de acuerdo al tiempo previsto por el cliente y no lograr nuestros objetivos. Por ejemplo, podemos haber socializado demasiado y retrasar la presentación de nuestra oferta pensando que disponíamos de tiempo suficiente y tener que marcharnos a mitad de la presentación.

6. Presentación personal y de la empresa

La presentación personal debe ser clara, vocalizando bien en el caso de nombres o cargos complicados, lo digo por experiencia propia. Asimismo, debe estar acompañada de cierta humildad, evitando dar una impresión de vanidad, a nadie le gustan las personas arrogantes.

Cuando sea una primera visita o un interlocutor nuevo y debamos presentar nuestra compañía, deberíamos tener en cuenta los siguientes aspectos importantes:

- No dar por hecho que nos conoce. Aunque el cliente diga que conoce nuestra compañía, es importante hacerle una breve presentación. Probablemente la conocerá, pero no es seguro que conozca todos los aspectos relevantes de esta o todos los puntos que nosotros queramos destacar especialmente y es posible también que tenga un conocimiento incompleto o distorsionado.
- Huir de las palabras vacías y de aquellas que también

puedan utilizar el resto de nuestros competidores. Decir que somos serios, profesionales, con experiencia, con buen servicio y que damos valor añadido no añade precisamente nada y al cliente le entra por un oído y le sale por el otro. Porque son cosas obvias y porque ya se da por hecho que el vendedor explicará lo maravilloso que es. ¿O tú crees que hay alguien que se presente y diga que son «una empresa poco seria, con un servicio regular y una calidad de producto muy mejorable»? Incluso en el caso de que esas cosas bonitas que digas sean ciertas, para el cliente son palabras vacías. Ten en cuenta que el cliente que nos recibe a nosotros es muy probable que también escuche a nuestros competidores y es muy poco diferencial decir lo mismo que puede decir el resto, menos aún si son cosas que se dan por supuestas.

- Para evitar el punto anterior, aun pudiéndose realizar una presentación general de la empresa con esas palabras «vacías», hay que destacar al menos dos cosas que cumplan estas dos características:

    – Que sean diferenciales con respecto a los competidores.
    – Que sean relevantes para nuestro cliente.

Elegir estos atributos no es fácil, para nada, por eso decíamos que vender requiere mucho trabajo. Pero es muy importante para captar la atención del cliente, que es nuestro objetivo. ¿Qué podemos decir que sea relevante para el cliente y diferencial con respecto a nuestros competidores? Esta es la pregunta que debemos intentar contestar. Uno de los principales puntos de diferenciación puede ser nuestra lista de clientes. Ellos son la mejor referencia y la mejor muestra de nuestra categoría profesional.

- A la hora de presentar la empresa, siempre que sea posible, es muy recomendable apoyarse en documentos que nos ayuden a reforzar y argumentar nuestra presentación. Todo el esfuerzo que podamos hacer para hacer visual nuestra presentación será muy rentable. Utilizar fotos, imágenes, gráficos, datos, documentación escrita, etcétera, hace que nuestra presentación sea más amena, por un lado, y tenga mayor credibilidad por otro.
- Utilizar medios audiovisuales o soportes informáticos también puede ayudar a mejorar nuestra presentación. Sin embargo, es importante decidir sobre la idoneidad de utilizar estos medios tecnológicos en nuestras reuniones, ya que pueden hacer mas estándar y poco flexible nuestra argumentación y, en ocasiones, provocar que la relación personal sea más fría y distante. Yo, personalmente, prefiero escribir en un papel y tener el dosier al lado, así personalizo la presentación.

7. Cualificar al cliente

En esta primera fase de contacto es el momento de empezar a cualificar a nuestro interlocutor, básicamente a dos niveles:

- Responsabilidad profesional. Qué cargo tiene, qué responsabilidades tiene, su poder de decisión, etcétera. En ocasiones su tarjeta profesional puede darnos esta información o él mismo nos lo puede explicar. En caso de no darse ninguna de estas dos circunstancias, hay que preguntárselo. Es importante verificar su rol dentro de su compañía para tener la certeza de que estamos hablando con la persona adecuada o que nos interesa y de que estamos enfocando la explicación de la mejor manera; no es lo mismo hablar con un técnico que con un financiero. En ocasiones se puede correr el riesgo, si no se trabaja bien este punto, de realizar una presentación muy completa a una persona y que luego nos diga que no es con quien debemos tratar esos temas. Eso nos ha pasado a todos y es una sensación patética porque te quedas con cara de tonto. «Esto que me has explicado esta hora y media es muy interesante, pero no es de mi área, tienes que hablar con Manolo, que hoy no está.» ¡¡Chof!!

  Preguntar qué cargo tiene nuestro interlocutor es una pregunta es muy difícil, porque es delicada y porque mal hecha puede parecer agresiva: «¿Usted qué cargo tiene?». Además de ser una pregunta antipática, en el fondo lo que le estás diciendo al cliente es si es alguien importante o un mindundi. Por eso es una pregunta que hay que tener muy trabajada, para no improvisar. En la fase de «Detección de necesidades» explicaré un método para hacer preguntas difíciles.

- Perfil personal. Asimismo, es muy importante «descubrir» su perfil personal, su forma de ser, su carácter, su forma de comunicarse, etcétera. Hay personas tranquilas, pacientes, y personas más nerviosas e inquietas, personas muy rápidas y otras más lentas, personas que van directamente al grano y otras que prefieren dar rodeos al grano, etcétera. Conocer el estilo de nuestro interlocutor nos permitirá adaptarnos mejor a su forma de ser y lograr una mayor afinidad. Hay un instrumento muy utilizado que se llama DISC y que es muy efectivo y divertido para detectar diferentes estilos y adaptarte a ellos.

Nota añadida
En el caso de encontrarnos con varios interlocutores, es importante tener en cuenta estas consideraciones:

- Estar pendiente de todos ellos. No ignorar o dedicar menos atención a uno pensando que el más importante es el otro. Podemos equivocarnos y, al desconocer el funcionamiento interno de la compañía, tampoco sabemos quién puede influir en la toma de decisiones. Todos hemos metido la pata alguna vez dirigiéndonos sobre todo al que parecía «cortar el bacalao» y descubrir al final de la reunión que era el becario y que el que decidía era el otro, sí, sí, aquel al que hemos ignorado todo el rato. Y no hay nada que duela más que la sensación de que te ignoren. Es un desprecio. Y un ignorado-despreciado-cabreado no compra.

- Entregar una tarjeta a cada una de las personas presentes en la reunión. Ya sé que parece de cajón, pero he visto muchas veces que un vendedor entrega solo una tarjeta pensando que ya se la rifarán entre ellos.

FASE 2 DE LA VENTA: CONEXIÓN INICIAL

Conceptos básicos	Ideas importantes
1. IMAGEN	1.1. Siempre cara sonriente y agradable. 1.2. Imagen personal y física.
2. PUNTUALIDAD	2.1. Llamar previamente en caso de retraso y disculparse.
3. TARJETA	3.1. Entregar siempre al principio y cuidar su estado.
4. ROMPER EL HIELO	4.1. Provocar una conversación informal para relajar la situación y generar conexiones emocionales.
5. OBJETIVO-GRACIAS-TIEMPO	5.1. Como gesto de educación y profesionalidad: objetivo de la reunión, agradecer que te reciban y acordar la duración.
6. PRESENTACIÓN / SEGUIMIENTO	6.1. Presentación personal y de la compañía (dos ideas diferenciales y relevantes para el cliente). 6.2. En el caso de que ya sea cliente, empezar con un seguimiento de temas de la última reunión.
7. PERFIL / CARGO DEL CLIENTE	7.1 Identificar la manera de ser del cliente para poder adaptarte. 7.2. Identificar su cargo y responsabilidad, por medio de su tarjeta o haciendo una pregunta ya preparada.

FASE 3 DE LA VENTA:
Detección de necesidades

Antes de entrar en el contenido y las técnicas para trabajar bien las necesidades del cliente, hagamos un ejercicio. Vamos a imaginar que trabajas en una tienda vendiendo cochecitos de bebé. Si tuviéramos que pensar qué criterios utilizaría un cliente para escoger un cochecito de bebé y descartar otros, seguramente serían estos: tamaño, peso, maniobrabilidad, precio, diseño, marca, accesorios, comodidad para el bebé, facilidad de manejo, facilidad de plegado, disponibilidad de bolsillos, que tenga el escudo del Barça y la cara de Messi, facilidad de lavado, seguridad o multifuncionalidad para poder utilizarse también en el coche o cuando el bebé sea más mayor.

Vuelve a leer la lista. Ahora concéntrate e imagina que una clienta entra en la tienda solicitando información para adquirir un cochecito de bebé. Lo que sabes es que es una mujer joven, de unos treinta años aproximadamente, bien vestida, elegante. Quiere un cochecito para su primer hijo, que nacerá dentro de un mes y es niño. Hala, ya sabes suficiente. ¿Estás situado en la escena?, ¡concéntrate! La pregunta es: ¿por cuál de las características enunciadas antes empezarías a argumentar un cochecito para esta clienta?: ¿seguridad?, ¿precio?, ¿marca?

Si has actuado como un melón, habrás elegido cualquiera de las características detalladas anteriormente. Quizá te empeñes en alguna de ellas: «Sin duda seguridad, porque es su primer hijo», «Yo creo que el precio, porque la gente va a lo barato», «Yo creo que la marca, porque la clienta tiene pinta de pija». En fin, argumentos de chusquero. Si eres un crack de las ventas entonces tu respuesta habrá sido parecida a esta: «Ninguna de las características anteriores, empezaría con una pregunta del tipo: ¿qué clase de cochecito estaba buscando?, ¿cómo lo querría?», para dejar que sea la clienta la que te explique qué criterios son importantes para ella en particular. Es de sentido común, ¡coñe!, ¿por qué arriesgar a nombrar una característica?, ¿por qué tratar de adivinar qué criterios prefiere el cliente?, ¿cuántas posibilidades tendrás de acertar? Muy pocas. Esto es como jugar al ¿Quién es quién?, ¿te acuerdas de ese juego? Yo jugaba mucho con mis hijos cuando eran pequeños, ellos tenían cincuenta caras y yo mis cincuenta caras. Mis hijos siempre querían empezar primero: «Papi, papi, déjame empezar a mí», y a continuación alguna vez decían algo así como: «¿Es Wilson?». «¿Es Wilson?», pero ¡¡cómo puede alguien empezar a jugar así!? Hay que ser un poco ciruelo, ¿verdad? Si apuestas directamente por un nombre, tienes una posibilidad entre cincuenta de acertar. No se jugaba así, se empezaba con preguntas tipo «¿Hombre o mujer»?, «¿Con gafas o sin?», «¿Con sombrero?», y a base de preguntar ibas tumbando caras y al final te quedaban muy poquitas y podías empezar a adivinarlo. La venta es igual. Esto no va de adivinar, va de ayudar al cliente, y para ayudarlo hay que conocer muy bien lo que necesita, qué necesita, por qué, para qué, para cuándo. Solo así podremos ajustarnos a sus necesidades, ¿cómo vamos a hacerlo si no las conocemos?

La venta no es complicada, la venta la complicamos nosotros cuando hacemos cosas que no tienen sentido. Preguntarle al cliente te dará de forma rápida y segura los criterios que considera relevantes y sobre los que basará su decisión. ¿No es más lógico entonces empezar preguntando al cliente?, ¿o es más acertado iniciar la argumentación del producto o del servicio sin hacer preguntas? Pues no, mira que somos cazurros a veces, y nos encontramos hablando de nuestro producto o servicio sin haber dejado hablar antes al cliente, y lo hacemos muchas veces porque nos encontramos más cómodos hablando «de lo nuestro» que haciendo preguntas y escuchando a los demás.

Si argumentamos el producto o el servicio sin conocer los criterios que nuestro cliente considera relevantes, es mucho más complicado convencerlo de que nuestro producto lo ayudará a satisfacer sus necesidades. Por el contrario, si tenemos una idea clara de lo que necesita y de lo que considera relevante, podremos encontrar el producto o servicio que mejor se ajuste, apoyar nuestra posterior argumentación en estos aspectos y lograr convencer a nuestro cliente con mayor facilidad.

Esta es la principal diferencia entre los despachadores y los vendedores. Los primeros «despachan» productos, ofrecen los productos que los clientes les piden, sin preocuparse de lo que quiere el cliente y sin importarle si se ajusta o no a sus necesidades; es el propio cliente el que realiza este juicio y análisis, la única función del vendedor es la de enchufar, colocar, presionar. Por el contrario, los vendedores tratan de conocer al detalle las necesidades de los clientes, sus motivaciones y sus criterios de decisión. Una vez que tienen una imagen clara de estas necesidades, y solo entonces, pasan a realizar una presentación y argumentación de sus servicios, adaptándola a las necesidades concretas y específicas del cliente. Por eso las fases de argumentación, objeciones y cierre son mas fáciles si se trabaja bien la detección y análisis de las necesidades. Una vez que sepamos lo que necesita el cliente, y si tenemos una solución adecuada, entonces será más fácil convencerlo. Si no sabemos exactamente lo que necesita, será mucho más complejo convencerlo de que podemos ayudarlo porque iremos a tientas.

Descubriendo las cartas

Como si fuera un juego de cartas, nuestro trabajo sería averiguar las cartas que tiene el cliente. Saber las cartas de los demás sería una gran ventaja si no eres muy corto ☺. En la venta ocurre exactamente lo mismo. Para trabajar bien la detección, comprensión y análisis de las necesidades del cliente, es importante tener en cuenta que debemos lograr ver las siguientes tres cartas del cliente:

1. Necesidades

Es muy importante tener claras las necesidades del cliente. En ocasiones estas son obvias, pero no siempre es así, y necesitamos clarificarlas. Por ejemplo, una necesidad ambigua es la necesidad de disponer de unas «gafas». La necesidad sería mucho más clara si logramos averiguar que las gafas deben ser «de sol y graduadas», ahora sí que es una necesidad muy clara. La necesidad de comprar un «cochecito para un niño» no es del todo clara, sin embargo, un «cochecito para un niño de dos años, vivo en un quinto piso sin ascensor, prefiero gastar poco y no me importa la marca» es mucho más clara. «Necesito instalar calefacción en casa» es mucho más ambigua todavía, necesitaríamos saber metros cuadrados, cuántas personas viven, si es casa o piso, si tienen canalización de gas, etcétera. Es tarea del vendedor lograr aclarar al máximo la necesidad del cliente haciendo preguntas y escuchando muy bien sus respuestas.

2. Posibilidades de venta cruzada

En ocasiones, es posible, tras averiguar la necesidad principal, descubrir opciones de venta cruzada, es decir, detectar la oportunidad de ofrecerle también otros productos que el cliente pueda necesitar. Estos pueden ser productos o servicios complementarios o independientes de la primera necesidad manifestada.

Por ejemplo, en el caso de las gafas, oportunidades de venta cruzada serían un seguro de rotura, una sujeción especial para practicar deporte, un limpiador de cristales, etcétera. En el caso de un cochecito, podría detectarse la necesidad de venderle accesorios como un paraguas o un plástico para proteger de la lluvia (necesidad de productos complementarios) o detectar que el cliente pueda necesitar también ropa para el niño (necesidad no relacionada con la necesidad principal).

En cualquier caso, se trata de descubrir más oportunidades de venta. Algunos vendedores tienen miedo o son reacios a trabajar este punto porque consideran que dan una imagen muy agresiva al cliente o que están engañándolo. Descubrir las posibilidades de venta cruzada no implica lanzarse como un buitre a ofrecerle más productos o servicios, simplemente está bien saberlo para decidir si en algún momento se le puede ayudar con alguna necesidad complementaria más. Ayudar no es ser agresivo ni violento, que esto no es una guerra. Es simplemente ayudar. Si alguien compra una linterna pero no ha pensado en las pilas, lo ayudaremos si le preguntamos si necesitará pilas, ¿o no? Cuántas veces nos ha pasado que hemos regalado un juguete a un niño y al abrirlo descubrimos que no tenemos justo ese tamaño de pilas en casa. ¿Por qué no me las ofreció el vendedor? Pues para no ser violento o agresivo ☺. Es importante tener en cuenta que no se trata de «colocar» el máximo de productos, sino de solucionar el mayor número de necesidades. Intentar presionar para vender algo que un cliente no necesita es engañarlo. Intentar ofrecerle productos o servicios que pueda necesitar es ayudarlo, y ese es nuestro trabajo.

3. Criterios

Una vez que la necesidad esté clara, será importante averiguar cuáles son los criterios en los que el cliente basará su decisión de compra. Los criterios son aquellos requerimientos que tiene el cliente acerca del producto o servicio que cubrirá su necesidad. Por ejemplo, para adquirir unas gafas, algunos criterios que pueden ser objeto de consideración por parte del cliente son los siguientes: precio, marca, garantía, estética, materiales, resistencia, color, etcétera. Para adquirir un cochecito, los criterios son los mencionados anteriormente: seguridad, marca, diseño, precio, tamaño, peso, etcétera. Para un teléfono lo será si la pantalla es táctil o no, la duración de la batería, la calidad de la cámara, el tamaño, la marca, el precio, etcétera. Y así con todos los productos y servicios. Cada cliente no valora los mismos criterios para decidir lo que compra, catorce clientes diferentes pueden tener catorce criterios distintos.

Cómo descubrir las cartas

De cara a lograr obtener las cartas detalladas anteriormente (necesidades, opciones de venta cruzada y criterios), deberíamos aprender a realizar preguntas y, como ya hemos dicho, a escuchar bien las respuestas.

3. NECESIDADES

INFO. PREVIA	PREGUNTAR	ESCUCHAR
HISTÓRICO	ABIERTAS/CERRADAS	CON LOS OJOS
		NOTAS
	i·P·S	PACIENCIA
		2 SG.
	CRITERIOS/Q+/PROPONER	RESUMIR
	INTRODUCCIÓN	
	GANCHO	

a. Información previa

Cuando es un cliente que ya conocemos, su histórico y la experiencia que tenemos con él nos ayudará a conocer cuáles son los criterios que más valora. Yo sé qué clientes valoran el material que se entrega en mis sesiones y a quiénes les da igual, quién quiere que las sesiones sean muy participativas y quién quiere que lo sean menos, quién prefiere hacerlas en horario laboral o fuera.

b. Aprender a realizar preguntas potentes

¿Cómo saber lo que necesita un cliente? Pues preguntándoselo, así de fácil. No hay que adivinar o presuponer, ¡vaya manera de complicarnos la vida a veces!, es mucho más sencillo: solo hay que preguntar. Las preguntas potentes son aquellas que nos facilitan información de calidad, relevante, que podemos utilizar posteriormente para argumentar nuestros productos o servicios y convencer al cliente de que estos pueden ayudarlo a satisfacer sus necesidades de manera adecuada.

Aprender a preguntar es importante por los siguientes motivos:

- Ayuda a descubrir necesidades y criterios del cliente.
- Ayuda a despertar necesidades y criterios que el cliente quizá no tenía presentes.
- Ayuda a completar la información que ya tenemos sobre el mercado, la competencia y el cliente.
- Permite conocer mejor al cliente, ya que cuando este habla el vendedor puede observar su forma de expresarse, su carácter, etcétera.
- Genera confianza en el cliente, se siente más comprendido. Se siente a gusto porque a todo el mundo le agrada que lo escuchen, uno se siente importante, valorado.
- Permite que el cliente se sienta más cómodo y reduce su resistencia natural a las ventas.
- Facilita que tengamos el control de la conversación; el que pregunta controla.
- Ayuda a eliminar prejuicios. Conociendo y escuchando se cambia muchas veces la idea inicial que uno pueda tener de otra persona por su aspecto o por su primera impresión.

Al realizar preguntas, debemos permanecer callados para escuchar la contestación; parece que he dicho una tontería, pero no es así, a veces nos cuesta mucho estar callados, a mí el primero.

Algunas técnicas para realizar preguntas que nos faciliten esta información son las siguientes:

1. FCU. Las preguntas deben ser Fáciles, Cortas y Útiles. Fáciles quiere decir eso, que sean fáciles, que sean cómodas, para ser realizadas sin miedo, con naturalidad. Preguntar directamente: «¿A qué otros competidores míos vas a pedir un presupuesto» es un poco incómodo para los que somos un poco normales.

Asimismo, deben ser cortas. Una pregunta corta es una pregunta clara. Hay que evitar alargar las preguntas porque se desvía el propósito principal de la misma: «¿Exactamente qué sistema de calefacción estás pensando para tu casa? porque es una casa que utilizas solo el fin de semana, ¿verdad? ¿y la piscina es climatizada?». Vaya lío nos hacemos a veces.

Finalmente, las preguntas deben ser útiles. No hay nada más inútil que una pregunta que nos facilita información inútil, información que no necesitamos ni queremos. Muchas respuestas pueden ser inútiles, pero muchas veces vienen provocadas por preguntas inútiles.

2. Orden. Para no confundir al cliente ni confundirnos a nosotros mismos, las preguntas deberían seguir un orden lógico, deberían agruparse por temas. En muchas ocasiones, preguntar con orden evita hacer demasiadas preguntas, ahorra otras, y evita que nos olvidemos de preguntar aspectos importantes.

Por ejemplo, para preparar mis sesiones tengo el bloque «asistentes» y pregunto cuántos vendrán, qué edades, qué experiencia tienen, antigüedad, etcétera; otro bloque de «contenidos» para saber qué tema quiere trabajar el cliente, mensajes que quiere destacar, ejemplos que quiere mencionar, etcétera; y otro bloque de «logística» para saber el lugar de la reunión, el horario de mi sesión, la duración o si podré proyectar un PowerPoint. No le pregunto cuántas personas asistirán, luego el horario de mi sesión, a continuación la edad media de los que vendrán y después cuánto tiempo quiere que hable. Orden, ¡por favor!

3. Preguntas abiertas y cerradas. Las preguntas cerradas son aquellas cuya respuesta está limitada a un número de opciones, son mucho más concretas. Las preguntas abiertas, por el contrario, son aquellas de respuesta muy amplia, aquellas que permiten que el cliente se enrolle.

¿Cuáles son mejores? Las dos son buenas y necesarias. No se puede decir que un tipo de pregunta sea mejor que otro, son útiles para averiguar cosas diferentes. Lo relevante es saber que unas son de respuesta escueta y las otras de rollo, y a veces nos interesa una cosa u otra.

Las preguntas cerradas se caracterizan por:

- Dan poca información pero suele ser muy relevante.
- Suelen ser preguntas de mayor presión.

- Son más complicadas de hacer por la presión que suponen.

Algunos ejemplos de preguntas cerradas serían los siguientes:

- ¿Está contento con su proveedor actual?
- ¿Qué presupuesto tiene?
- ¿Cuántas personas forman el departamento?

Las preguntas abiertas, por su parte, se caracterizan por:

- Son preguntas que pueden dar mucha información pero en ocasiones esta no es relevante.
- Son muy útiles para entablar una conversación y dejar que el cliente hable con calma.
- Son fáciles y cómodas de hacer porque no suponen ninguna presión.

Algunos ejemplos de preguntas abiertas serían los siguientes:

- ¿Qué tipo de teléfono está buscando?
- ¿Cómo le gustaría que fuera el cochecito de bebé?
- ¿Por qué lo hacen de esta forma?

Hay una forma sencilla de construir preguntas abiertas sin complicarnos la vida. Empieza la pregunta con palabras como «cuénteme», «explíqueme» o «hágame la lista de Reyes Magos». Esas palabras ya le dejan claro al cliente que queremos que, por favor, se enrolle un poquito.

4. Otras preguntas importantes. Además de las preguntas abiertas o cerradas, hay otras preguntas importantes que deberíamos dominar:

- Preguntas de clarificación: «¿La garantía es lo más importante para usted?», «¿Qué quiere decir con "urgente"?».
- Preguntas de amarre: «¿No es cierto?», «¿No le parece?».
- Preguntas de desbloqueo: «¿Cómo podríamos solucionarlo?», «¿Por qué cree usted eso?».
- Preguntas de verificación: «¿Qué le parece?», «¿Qué opina?».
- Preguntas de cierre: «¿Querrá hacer una prueba?», «¿Cuándo querrá que le envíe el pedido?».

En puntos que se desarrollan posteriormente se trabajan con más detalle algunas de estas preguntas.

5. La técnica del embudo. De cara a desarrollar inteligentemente una conversación con el cliente que sea útil para el vendedor y nos permita conocer con mayor profundidad sus necesidades y criterios, es muy útil utilizar esta técnica.

La «técnica del embudo» consiste en realizar primero preguntas «fáciles» e ir aumentando poco a poco la presión con preguntas más «difíciles». En general, las primeras serán preguntas abiertas y las segundas preguntas cerradas, pero no siempre será así.

La técnica del embudo requiere que las preguntas se ordenen según estas categorías:

- Preguntas iniciales. Son las más fáciles, cómodas de hacer, sin presión, normalmente abiertas.
- Preguntas de profundización. Son aquellas que intentan averiguar información más relevante para el cliente, tienen una mayor presión, pueden ser abiertas o cerradas.
- Preguntas de presión. Son aquellas preguntas cuya información es mucho más relevante y, como indica su nombre, son de presión alta. También pueden ser abiertas o cerradas.

La conversación resultará mucho más cómoda si primero se hacen las preguntas fáciles y, en ocasiones, su respuesta tan amplia nos puede dar la respuesta a preguntas más comprometidas que hubiéramos hecho más adelante y que ahora ya no es necesario hacer.

Debes tener en cuenta también que encadenar muchas preguntas cerradas seguidas puede provocar que la reunión parezca un «cuestionario», y esta sensación incomodará tanto al cliente como a ti, con lo que la consecuencia más lógica será que tú, al no sentirte a gusto, dejarás de hacer preguntas y pasarás a la argumentación del producto o servicio, que es lo que dominas y en el terreno en el que te sientes cómodo. El problema, como veremos más adelante, es que lo argumentarás de forma deficiente al no haber trabajado adecuadamente esta fase de necesidades.

6. Método IPS. Esta es la única técnica que hay en este libro que es de mi cosecha personal. Por eso puede ser la menos útil ☺. Para construir preguntas que en principio pueden ser difíciles por ser incómodas o de mucha presión, hay un método sencillo que es el IPS. Hay que seguir tres pasos: primero, saber qué información quiero, luego construir la pregunta de la manera más simple y corta posible y, por último, suavizar la pregunta. A continuación se explican estos tres pasos:

- Información que quiero obtener del cliente: el primer paso es especificar muy bien la información concreta que se desea obtener. Por ejemplo, saber con qué competidores nuestros trabaja actualmente el cliente.

- El siguiente paso es realizar la pregunta de manera directa, sin pensarlo demasiado, de la forma más clara y directa posible. Por ejemplo: «¿Con qué proveedores trabaja actualmente?».

- El tercer y último paso es suavizar la pregunta. Este paso es necesario porque la pregunta del paso anterior suele ser un poco «dura» y excesivamente directa. En tal caso será complicado para ti hacer la pregunta y te verás tentado a no hacerla cuando te encuentres en la incómoda situación del «directo». Y no tendrás la información que querías, por culpa tuya. Suaviza la pregunta y será más fácil hacerla. ¿Cómo suavizarla?, pues hay dos tipos de suavizantes:

  – El tono: una pregunta se suaviza mucho con el tono de cordero degollado.
  – Utilizar palabras «suavizantes» como: «Perdone», «Disculpe», «Para que me sitúe», «Sería usted tan amable», etcétera. Son palabras que no sirven para nada en sí mis-

mas, pero que suavizan mucho el «meollo» de la pregunta, y eso es lo que nos interesa, como cuando la pastilla para nuestros hijos va escondida dentro del jamón dulce.

Así, la pregunta anterior suavizada podría quedar de la siguiente manera: «Disculpe, señor cliente, para que pueda hacerme una idea de lo que usted valora, ¿podría decirme por favor con qué proveedores ha trabajado anteriormente?».

La sensación de incomodidad de una pregunta es subjetiva y cada uno deberá decidir hasta qué punto necesita suavizarla más o menos para sentirse cómodo. Asimismo, cuando la utilices y la pruebes con clientes ficticios o reales podrás tener una idea más precisa sobre el nivel de agresividad de la pregunta.

7. Preguntas indirectas. En algunas ocasiones será muy complicado suavizar una pregunta. Por ejemplo: «¿Cuál es su función dentro del departamento?» puede ser una pregunta que incomode a algunos vendedores y puede resultarles complicado encontrar maneras eficaces de suavizarla. No olvidemos que, al final, saber si una pregunta es agresiva o no es una cuestión totalmente subjetiva, hay quien se siente muy incómodo haciendo una pregunta con la que otra persona se siente muy cómoda.

Cuando no encuentres una manera de suavizarla que te guste, las preguntas indirectas pueden ser la solución. Por ejemplo, la misma información podría obtenerse con la pregunta: «¿Podría explicarme por favor cómo está organizado su departamento?». Esta es una forma indirecta de acceder a la misma información, porque la respuesta nos dará la información que queremos e incluso más.

Es como preguntarle a una mujer la edad que tiene, es complicado lo mires por donde lo mires. Pero basta hacer tres preguntas indirectas para saber su edad con poco margen de error: «¿Tú viviste la dictadura?», «¿Te gustaba Naranjito?», «¿Lloraste con la muerte de Chanquete?». Si dice que sí a las tres, no te equivocarás: tiene entre 43 y 46 años. Poco margen de error ☺.

8. Preguntar los criterios. La pregunta ideal que siempre deberíamos hacer sería esta: «Señor cliente, a la hora de decidir entre los diferentes presupuestos que pedirá, ¿cuáles son los criterios a los que dará más importancia para tomar esta decisión?». Hecha así es larga, complicada, pero se trata de que cada uno la convierta en una pregunta «suya», con la que se sienta a gusto. Porque, piénsalo, si te contestara esta pregunta, te ayudaría mucho, ¿verdad? Pues ya sabes.

A veces me parece hasta útil llevar los criterios escritos en una especie de formulario y preguntarle uno por uno al cliente para que nos valore la importancia que tiene para tomar su decisión. No sé, si se trata de vender cochecitos de bebé, tendría una lista con todos los posibles criterios (comodidad, seguridad, marca, precio, etcétera) para que el cliente me dijera cuáles son los tres más importantes para él. Es como si en el ¿Quién es quién? el otro jugador marcara qué criterios cumple «su cara» (hombre o mujer, con o sin sombrero, gafas, color del pelo, etcétera). Estaría chupado adivinar el personaje, ¿no? Pues en las ventas es igual, si tenemos los criterios que son prioritarios para un cliente, podremos encontrar el producto o servicio que encaja mejor con ellos y su argumentación y venta será más sencilla. Esta información nos ayudará mucho para argumentar y convencer después al cliente. En la inmensa mayoría de los casos sabemos que el precio será un criterio muy importante, pero lo que necesitamos es precisamente encontrar qué otros valora el cliente para poder apoyarnos en ellos y defender el precio.

9. ¿Y qué más? Como complemento a la pregunta anterior de criterios, y en el caso de clientes sosos que se enrollan poco y dan respuestas escuetas, una forma muy sencilla es utilizar la pregunta: «¿Y qué más?». Esta pregunta, o sus análogas («¿Hay alguna cosa más que sea importante para usted?»), pueden realizarse dos veces; repetirlas una tercera vez puede resultar pesado y redundante y no logrará darnos más información de la que ya tenemos.

10. Preguntas de aclaración. Otra forma de obtener una información más clara y precisa es realizando preguntas de aclaración del tipo: «¿A qué se refiere exactamente?», «¿Qué quiere decir con...?». Hay que estar muy atento para hacer estas preguntas, porque si no estás concentrado, pasarás la oportunidad por alto, y son preguntas que sin duda nos darán unas respuestas de mayor calidad. Volvemos al símil del escalador: concéntrate, piensa en la próxima mano y el próximo pie, nada más.

11. Introducción antes de preguntar. Algunos vendedores se sienten incómodos haciendo preguntas. Yo no lo entiendo ni lo comprendo, es como un médico que no quiera preguntar, pero, bueno, hay personas de todos los colores. Si ese es tu caso, tranquilo, que hay solución. Antes de empezar directamente a realizar preguntas, podrías hacer más una pregunta de introducción para pedir permiso al cliente para hacerle algunas preguntas. Esta técnica es muy útil para hacer entender al cliente que las preguntas que se le van a hacer te permitirán conocer mejor lo que necesita y ayudarlo de la manera más adecuada y, al mismo tiempo, te dará toda la tranquilidad del mundo que necesitas para seguir preguntando.

Un ejemplo de esta introducción sería: «Perdone, señor cliente, con su permiso me gustaría realizarle primero una serie de preguntas para conocer mejor sus necesidades y poder ayudarlo mejor» o: «Si le parece bien, señor cliente, antes de presentarle nuestros productos o servicios me gustaría poder hacerle algunas preguntas para poder adaptarme mejor a sus necesidades». No creo que haya ningún cliente que diga que no. Y si dice que no es que es tonto y tampoco nos interesa.

Como ya te he dicho anteriormente, no deberías copiar o utilizar una pregunta si no te encuentras realmente cómodo, tienes que adaptarla a tu forma de ser y a tu forma de expresarte para poder sentirte cómodo. Los ejemplos que pongo intentan explicar mejor las técnicas, pero hay muchas formas de utilizar la misma técnica, diferentes formas de aplicarla, y cada uno debería encontrar la suya propia.

12. Kit de preguntas. Igual que un traumatólogo tiene bisturís, algodones e hilo para coser y un escalador tiene mosquetones, cuerdas y pies de gato, un vendedor profesional, uno que sea un crack, debe contar con su propio kit de preguntas preparadas, trabajadas y practicadas, que incluya abiertas, cerradas, indirectas, iniciales, de profundización, de presión, de aclaración, etcétera, y debe saber cuándo puede utilizarlas, sin improvisar y con la habilidad suficiente para obtener la información que precisa en cada momento.

c. Aprender a escuchar
Para aprender a escuchar adecuadamente, el vendedor profesional puede apoyarse en las siguientes técnicas:

1. Tomar notas. Aprender a tomar notas adecuadamente mientras nos habla un cliente permite lograr tres objetivos muy importantes:

- Por un lado, tomar notas da imagen de profesionalidad.
- Por otro lado, damos la sensación al cliente de que lo escuchamos. Como reza el dicho popular: «Es tan importante serlo como parecerlo». A todas las personas nos gusta sentirnos escuchadas porque nos hace sentir im-

portantes. También eso le ocurre al cliente, le gusta que lo escuchemos, pero al mismo tiempo tiene la necesidad de sentirse profesionalmente comprendido. Tomar notas potencia esta sensación de demostrar interés y atención.

- Finalmente, tomar notas permite recordar mejor las cosas, apuntar la información más relevante y no tener después dudas o cometer errores por no tener buena memoria.

Hay vendedores a los que no les gusta tomar notas, que dicen sentirse incómodos cuando lo hacen. En la mayoría de los casos ponen estas pegas:

- «A los clientes no les gusta que apuntemos todo lo que dicen.» Mentira casi siempre. En todo caso, cuando nos encontremos con la minoría de clientes a los que no les gusta, podemos detectarlo estando atentos a su lenguaje no verbal y decidir pedir permiso o simplemente no tomar notas. Ante la duda, no cuesta nada preguntar al cliente, es una forma educada de comportarse.
- «Tomar notas dificulta seguir bien la conversación y estar centrado en lo que dice el cliente.» También mentira si se hace bien. No se trata de apuntar como si fuera un dictado, hay que apuntar las cosas relevantes y de manera que nos permita seguir la conversación con el cliente.
- «Yo lo guardo todo en mi cabeza.» Esta es la típica frase de chusquero. Es mentira que se retiene toda la información, y menos a determinadas edades. Y es bueno saber que cada vez va a peor.

Me gustaría añadir las siguientes ideas para tomar notas adecuadamente:

- Deberías ser transparente tomando notas. No debes tapar lo que anotas ni parecer que apuntas «cosas secretas»; debes hacerlo con naturalidad, incluso dejando ver al cliente lo que anotas.
- Como el cliente puede leer lo que anotas, es muy importante evitar apuntar aquello que pueda molestarle. Por ejemplo: «Cliente muy complicado de carácter», «cliente gilipollas», etcétera. Parece una tontería, pero ¡si te contara lo que he llegado a ver!
- En algunas ocasiones, puedes encontrarte con un cliente que habla más de la cuenta y que en un momento determinado te dé una información muy relevante de forma imprudente. En estos casos, no deberías anotar rápidamente esta información. Si lo hicieras así, el cliente podría darse cuenta de que ha «hablado demasiado», ponerse a la defensiva y dejar de hablar con la naturalidad y comodidad con la que lo estaba haciendo. Es mucho más inteligente esperar y tomar nota de esta información cuando pasen unos minutos y el cliente esté hablando de otro tema menos relevante, disimuladamente, como si apuntáramos otra cosa que está diciendo en ese momento.
- El material que utilicemos para tomar notas, la libreta, la agenda, el lápiz o el bolígrafo, deben presentar una imagen adecuada. En ocasiones se encuentran vendedores

que toman nota en papeles sueltos, libretas con arrugas o con lápices mordidos.

2. La técnica de los dos segundos. En una conversación, cuando dos personas se callan y no dicen nada durante unos segundos, se crea una situación incómoda. Imaginemos que estás hablando con una persona y se crea esta situación, un silencio largo. Al ser una situación incómoda, alguno de los dos romperá ese silencio diciendo alguna cosa; si tú no piensas decir nada y solo sois dos personas, adivina quién lo hará: ¡la otra, por supuesto! ¿Y de qué hablará la otra persona? Pues casi con toda seguridad de lo mismo que estaba hablando unos segundos antes (y se supone que si hablaba de sus necesidades nos interesa que lo siga haciendo).

Pruébala, parece una tontería pero funciona, es como un sacacorchos: provoca que el cliente siga hablando. Repasemos. La técnica de los dos segundos consiste en esperar, después de que nuestro interlocutor haya terminado de hablar, dos segundos antes de hablar nosotros. Verás como muchas veces la otra parte se arranca y sigue hablando. Así de sencillo, simplemente contar mentalmente dos segundos, esperar un poco antes de decir algo. Se trata de esperar solo dos segundos, no esperes veintisiete a que tu interlocutor continúe hablando porque probablemente harás el ridículo.

Además, también nos ayuda a evitar que interrumpamos al cliente con nuestras ganas de hablar. Quizá haya hecho solo una pausa para continuar hablando o para respirar, y si esperamos esos dos segundos no lo interrumpiremos. Es en estos momentos cuando nos está dando la información que necesitamos para conocer a fondo sus necesidades y criterios, esa que utilizaremos después para argumentar nuestra oferta. Es sin duda información relevante y no hay nada más absurdo que interrumpir a alguien que nos está dando una información muy relevante.

3. Contacto visual. Se escucha con los ojos, no con las orejas. Cuántas veces nos ha pasado estar hablando con alguien que está tecleando en el ordenador sin mirarnos y que encima tiene la jeta de decir que nos escucha. Nos sentimos despreciados.

- Hablar con una persona que no mira a los ojos es muy incómodo. Nos sentimos ignorados, no somos suficientemente importantes para el otro.
- Si miramos a los ojos a nuestro cliente, será mucho mayor la sensación que tendrá de sentirse escuchado y comprendido.
- Mirar a los ojos del cliente permite no solo escuchar sus palabras, sino estar atento a su lenguaje no verbal, a sus gestos, a lo que transmite su mirada, lo que nos dará información adicional muy relevante para interpretar la información que nos da.

4. Resumir. Una forma sencilla de entender bien las necesidades del cliente es la de «resumir» lo que este ha dicho hasta el momento. Hacer este resumen tiene las siguientes ventajas:

- Evitamos malas interpretaciones.
- Al mismo tiempo, demostramos al cliente que hemos comprendido bien lo que nos ha dicho.
- Finalmente, al hacer un resumen el cliente puede recordar datos importantes o matizar algunos aspectos relevantes, proporcionándonos más información, que nos será de gran utilidad en la fase siguiente de la venta.

Si esta fase 3 de la venta se trabaja bien, las fases siguientes son más sencillas, se ha finalizado la fase más dura y que más trabajo requiere por parte del cliente, ahora es cuesta abajo.

FASE 3 DE LA VENTA: NECESIDADES

Conceptos básicos	Ideas importantes
1. INFORMACIÓN PREVIA	1.1. El conocimiento que ya tenemos de un cliente habitual nos ayuda a entender mejor sus necesidades y prioridades. 1.2. Organizar esta información en la ficha del cliente para poder utilizarla en la preparación de las visitas.
2. PREGUNTA DE INTRODUCCIÓN	2.1. Utilizar la pregunta de introducción cuando se considere oportuno: «¿Le importa que antes de explicarle los productos le haga algunas preguntas para conocerlo mejor y poder asesorarlo de manera más acertada?».
3. TÉCNICA DEL EMBUDO	3.1. Primero las preguntas fáciles y dejar para el final las más delicadas.
4. PREGUNTAS ABIERTAS Y CERRADAS	4.1. Abiertas (nos dan cantidad de información) y cerradas (nos dan calidad de información).
5. PREGUNTA DE CRITERIOS	5.1. Conocer cuáles son las prioridades del cliente para decidir: - Preguntar criterios. - ¿Y qué más? - Proponer criterios.
6. MÉTODO IPS PARA SUAVIZAR PREGUNTAS DIFÍCILES	6.1. IPS: - Hacer la pregunta de la manera más sencilla y clara posible. - Suavizarla con palabras y tonos.

FASE 3 DE LA VENTA: NECESIDADES

Conceptos básicos	Ideas importantes
7. ESCUCHA ACTIVA	7.1. Escuchar con los ojos, no con las orejas, prestando el 100 % de atención al cliente y con paciencia. Recordar las ventajas de escuchar al cliente: - No prejuzgar al cliente y no dejarse llevar por impresiones que pueden ser erróneas. - Obtener la máxima información posible que nos ayudará a adaptar mejor la argumentación posterior del producto o servicio. - Hacer sentir importante al cliente y demostrarle que nos interesan y nos preocupan sus necesidades. Estamos para ayudarlo. - Permitir el desahogo del cliente y que se sienta a gusto en la relación que mantiene con nosotros.
8. TOMAR NOTAS	8.1. Tres ventajas: no olvidar las cosas, demostrar interés y evitar interrumpir al cliente.
9. TÉCNICA DE LOS 2 SEGUNDOS	9.1. Cuando termine de hablar el cliente, hacer esta breve pausa porque muchas veces seguirá hablando y así aseguramos que no perderemos información relevante.
10. RESUMIR	10.1. Resumir todo lo que nos ha dicho el cliente para evitar malentendidos y demostrar que lo hemos comprendido.

FASE 4 DE LA VENTA:
Argumentación del producto o servicio

Como he comentado anteriormente, esta es la fase en la que normalmente nos encontramos más cómodos, es donde hablamos «de lo nuestro», de lo que más dominamos. Por este motivo es frecuente que pasemos con rapidez las fases anteriores hasta llegar a esta. Este es un error grave porque cuanta más información se tenga del cliente, de lo que quiere, cómo lo quiere y de qué forma lo quiere, mejor podremos adaptar nuestra argumentación a sus necesidades y ser mucho más persuasivos.

En la fase de «Conexión inicial» el cliente obtiene una primera impresión del vendedor, por eso decíamos que era muy importante trabajar bien esa fase, para enamorar, para que el cliente piense «Ole, ole y ole», para transmitirle confianza. Pero esa fase inicial es el 50 % del «amor», el otro 50 % depende de cómo argumentamos y presentamos nuestros productos y servicios. No olvidemos que se trata de una relación comercial, no sentimental. El cliente tiene una necesidad y lo prioritario es que alguien lo ayude a cubrirla.

En esta etapa de la argumentación el cliente obtiene una segunda impresión de nosotros. Si la primera impresión fue positiva, ayuda en gran medida a desarrollar de manera más eficaz la etapa de las necesidades; el cliente tiene mayor predisposición y se siente más abierto y más cómodo al contestar preguntas de alguien que le ha caído bien, que le transmite confianza, mucho más que las ganas que tendrá de contestar las de alguien con quien no hay sintonía o que no le transmite confianza. Por eso la primera impresión es muy importante. Pero no podemos pretender que esta primera impresión favorable nos ayude durante toda la entrevista de ventas. Esta primera impresión favorable debe confirmarse ahora, en esta fase de argumentación.

Siempre hemos oído aquello de que «Solo hay una ocasión para crear una primera impresión», pero también es cierto que hay varias para crear segundas impresiones. Y estas son también importantes. El cliente se lleva muchas impresiones de nosotros, y lo que cuenta es la suma de ellas, pero hay dos momentos clave: la primera impresión, que se da en la fase de

«Conexión inicial», y la segunda, que es en esta fase de «Argumentación». En la primera se despierta el *feeling*, en esta ya se remata el «amor» ☺.

Por decirlo de algún modo, tenemos que superar dos exámenes durante una entrevista de ventas. El primero, durante la fase de contacto, es el examen de la primera impresión, pero hay un segundo examen, mucho más importante, que es la profesionalidad y los conocimientos que transmitimos en la fase de argumentación. Es ahora cuando debemos demostrar que realmente conocemos nuestros productos, que tenemos soluciones que pueden ayudarlo.

Antes decíamos que los traumatólogos tienen sus bisturís e instrumental vario. Los vendedores tenemos los nuestros, y uno fundamental es un argumentario de producto o servicio. Un argumentario es algo así como un desarrollo teórico de cómo podría explicarse ese producto a un cliente, sería un cuadro que recogiera básicamente estos puntos:

- Puntos fuertes de nuestro producto o servicio, transformados en características y beneficios, teniendo en cuenta la oferta de nuestros competidores.
- Puntos débiles de nuestro producto o servicio, con argumentos defensivos, teniendo en cuenta la oferta de nuestros competidores.
- Posibles objeciones que el cliente puede plantear, aquellas objeciones que podamos prever, con un argumentario de respuesta para poder rebatirlas.

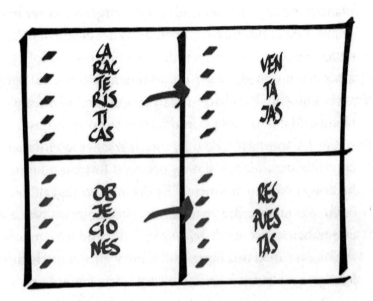

Ahora explicaré con más calma cómo se desarrolla y qué habría que tener en cuenta, pero básicamente se trata de tener «en el coco» memorizada y estudiada esta información de un producto para poder argumentarlo con convicción y persuasión, pero antes querría apuntar algunas consideraciones que hay que tener en cuenta para trabajar bien los argumentarios de producto o servicio:

- El argumentario de un producto debe prepararse por escrito, simplemente porque la mente piensa y se organiza mucho mejor cuando tenemos un papel delante y escribimos.
- Un argumentario es un documento vivo, que tiene que actualizarse constantemente. Hay diferentes modos de

mantenerlo al día: nuevas ideas que surgen cada vez que se presenta el producto, comentarios del cliente, análisis de los productos o servicios de la competencia, etcétera.

- Uno mismo puede hacer un argumentario bueno, pero no buenísimo. Para hacer un argumentario buenísimo es recomendable hacerlo conjuntamente entre varias personas. La aportación de diferentes personas lo enriquece con toda seguridad, y si estas personas forman un grupo heterogéneo, mucho mejor. Es decir, si en lugar de hacerlo solamente entre vendedores, pueden incorporarse a este trabajo personas de *marketing* o de producto, mucho mejor, ofrecerán una óptica diferente y muy constructiva. Incorporar clientes a este trabajo ya sería fantástico.

Para trabajar bien los argumentarios es importante tener en cuenta las siguientes técnicas:

1. Técnica del enchufe para evitar el efecto *play*

Este es otro de los puntos críticos que diferencia a los vendedores cracks de los chusqueros, a los vendedores de los despachadores. Consiste en argumentar el producto o servicio apoyándonos en aquellos criterios que se han identificado como prioritarios por el cliente.

Hay dos formas de argumentar un producto o servicio. Hacerlo en modo *play* significa explicar siempre el mismo «rollo» a todos los clientes. Uno ha memorizado una argumentación o la ha explicado tantas veces que acaba sabiéndoselo y repitiéndolo a todos los clientes de la misma manera. Por ejemplo, imaginemos que vendes teléfonos y entra un cliente por la puerta. Podrías decirle que tienes un teléfono «fantástico, con pantalla táctil, con una batería de larga duración, una cámara de 7.523 megapíxeles y una garantía de dos años», para esperar a continuación la reacción del cliente. Si luego viniera un segundo cliente, le dirías que tienes un teléfono «fantástico, con pantalla táctil, con una batería de larga duración, una cámara de 7.523 megapíxeles y una garantía de dos años», y así con el tercero y el cuarto. Esto es lo que hacen los chusqueros y ¡encima esperan vender! Y cuando no lo hacen, la culpa es del cliente, que es un mercenario y solo mira el precio, o porque la competencia es agresiva o porque la tienda está mal situada. Y si lo piensas bien, es la forma de trabajar que tenemos muchos a la hora de vender, somos «folletos con patas», repetimos lo mismo a todos los clientes, como si pulsaran el *play* en un aparato de música cada vez que estuvieran con un cliente; diferente interlocutor, mismo discurso. Ese es un grandísimo error en el que puede caerse por rutina o por falta de preparación. En todo caso, implica una enorme falta de profesionalidad. Clientes distintos tienen necesidades y criterios distintos a la hora de adquirir un producto o servicio; diferentes clientes requieren diferentes explicaciones adaptadas a sus necesidades y criterios, y ese es nuestro trabajo: descubrir primero las necesidades y criterios y adaptar posteriormente nuestros argumentos.

Cuando uno se encuentra argumentando de la misma manera a todos los clientes es evidente que está cometiendo un error, porque es imposible que todos valoren las mismas cosas de un producto o servicio determinado. Para hacer esto no hace falta un vendedor, sería suficiente poner un catálogo con esta descripción estándar.

Nuestro trabajo consiste en averiguar qué es lo que más le interesa al cliente, qué criterios son los que más valora a la hora de decidir la compra, qué es lo más relevante para él. Si hablamos de un teléfono, cuatro clientes diferentes valorarán probablemente cuatro cosas distintas. Uno necesitará una batería que dure mucho, para otro la prioridad será un teclado táctil, otro valorará el precio por encima de lo demás y para un cuarto la cámara será fundamental. Este es el trabajo que debemos realizar en la fase anterior de «Detección de necesidades», conocer qué variables son las más importantes para «ese» cliente en concreto de todas las posibles que pueda tener un producto o servicio a la hora de decidir la compra y buscar el modelo concreto que mejor se adapte a ellas. Y lo argumentaremos apoyándonos precisamente en esos criterios. No tiene más misterio, es relativamente sencillo si uno tiene sentido común y sigue las fases del proceso. Si un cliente lo que necesita es un teléfono «que resista los golpes» porque trabaja construyendo puentes y «que tenga una batería de larga duración» porque no hay enchufes en los puentes, habrá que buscar el modelo «que mejor resista los golpes» y que tenga una «batería de larga duración» y explicarle al cliente que ese es el modelo que mejor se adapta a sus necesidades porque es el «que mejor resiste los golpes» y el que tiene una «batería de larga duración». Sería absurdo hablarle del teclado, de la garantía, de la marca o del color, lo que le interesa es la resistencia a los golpes y la batería. Pues eso, habrá que hablar de eso.

La llamo la técnica del enchufe porque me recuerda la sensación de encajar un enchufe de los gordos en una pared. Es una sensación que empieza con cierta resistencia y luego es «¡uau!», encaja perfectamente. Esto es lo mismo: utilizas dos o tres argumentos que encajan perfectamente con lo que el cliente tiene en mente. El agujero de la pared sería la necesidad y los criterios que son importantes para el cliente a la hora de decidir; el enchufe es el argumento que utilizamos para convencerlo. Si te fijas bien en el agujero y eliges el enchufe adecuado, es decir, los argumentos adecuados, entonces encaja perfectamente y convences al cliente. Si utilizas argumentos que no son relevantes para el cliente, es como intentar encajar en un enchufe de pared de esos gordos una clavija de teléfono; te esforzarás mucho pero no encajará.

Quizá lo expliqué fatal, segundo intento: es de cajón que antes de saber qué tipo de «enchufe» debe utilizarse, es importante analizar el agujero donde va a entrar en la pared. Del mismo modo, antes de argumentar un producto o servicio, es necesario conocer bien las necesidades y criterios del cliente. Cuando el enchufe es el adecuado, encaja perfectamente; del mismo modo, cuando los argumentos son los correctos, encajan perfectamente con las necesidades del cliente.

La «técnica del enchufe» evita la muy extendida «técnica del *play*», en la que los vendedores realizan la misma argumentación de sus productos o servicios a todos los clientes, la explicación es exactamente la misma independientemente de la persona que tengan delante.

2. Características y beneficios

Algunos vendedores, a la hora de explicar sus productos o servicios, se basan principalmente en sus características. Sin embargo, el cliente no compra características, compra los beneficios que aportan esas características.

Por ejemplo, no es solo relevante que una camisa sea 50 % algodón y 50 % poliéster (característica), sino el hecho de que sea fácil de planchar y se arrugue menos (beneficio).

Hay una forma muy sencilla de convertir las características en beneficios. Imagínate que cuando estás explicando tu producto o servicio, el cliente tiene un cartel enorme en su cara como este:

Lo que en el fondo quiere decir es: «¿Y a mí qué puñetas me importa?». Si estás explicando al cliente que un cochecito de bebé es de titanio, tienes que imaginarte ese cartel en la cara del cliente. Si estás explicando que un teléfono tiene una pantalla de 7 pulgadas, imagínatelo también, porque seguro que es lo que está pensando.

Lo que tienes que lograr es contestar a esa pregunta del cliente y provocar que en su cara ponga el siguiente cartel:

De este modo, cuando te encuentres diciendo que un cochecito de bebé es de titanio, a continuación verás ese «¿y?» gigante en la cara del cliente y continuarás diciendo que «eso implica que pesa muy poco y que puedes subirlo a casa solo con el meñique». Entonces verás como el cliente dibuja en su cara un gigantesco «¡ah!». Y si dices que un teléfono es de 7 pulgadas, podrías añadir que «con una pantalla más grande podrá ver mucho mejor los goles de Messi».

Es como si te dijera que un taladro es fantástico porque «es un 2 en 1, funciona con batería, tiene percutor y cierre en Y». Seguramente el vendedor está tan acostumbrado a explicar estas cosas que su rutina y la inercia le harán construir frases tan maravillosas, pero sin duda la mayoría de clientes estarán pensando: «¿Y a mí qué?». Sería mejor transformar cada característica en un beneficio. Que es «un 2 en 1» significa que «con un aparato tienes dos, porque si cambias la broca sirve para hacer agujeros pero también como destornillador»; que «funciona con batería» tiene la ventaja de que «al no tener cables no es necesario buscar enchufes ni alargos si no llegas, simplemente haces el agujero donde lo necesites y ya está»; que «tiene percutor» implica que «si tienes que trabajar en superficies muy resistentes; podrás hacerlo con más comodidad y sin romperte la mano»; que viene «con el cierre Y» podría significar (porque esta característica me la he inventado), que «si tienes niños y te dejas el taladro en el garaje a su alcance no podrán hacerse daño porque ese es el cierre de máxima seguridad». ¿Sí?, yo también creo que es más fácil argumentar así. Si solo decimos la primera columna de características, el cliente se va con su «¿y?», y como muchas veces no preguntan por vergüenza, al final decidirán por precio. Cuando la columna de características la transformamos en beneficios, entonces logramos que el cliente diga «¡ah!», y será mucho más fácil convencerlo.

Es absurdo decirlo, pero ahora puedes entender por qué en la fase 1 decía que es tan importante estudiar y conocer muy bien tus productos y servicios. Si no los dominas, es difícil utilizar esta técnica de argumentación.

Recapitulando: haz una lista de todas las características de tu producto o servicio. A continuación, para cada una

de ellas, hazte la pregunta: «¿Y?», es decir, como si el cliente preguntara. «¿Y por qué eso es importante para mí?», «¿Y a mí qué me importa?». Contestar estos «¿y?» convierte las características de un producto o servicio en beneficios.

Todos los beneficios tienen que ver con uno de estos ámbitos, por eso hay que ir contestando «¿y?» hasta llegar a ellos que son los «¡ah!»:

- Beneficio económico, bien sea por incremento de ingresos o reducción de costes.
- Mejora de la imagen de nuestro cliente o interlocutor frente a terceros.
- Mejora de la satisfacción de sus clientes externos o internos (dentro de su propia compañía).
- Mejora de aspectos como seguridad o comodidad.

Esta metodología de argumentación debe combinarse con la técnica del enchufe. Debes tener muchas características transformadas en beneficios, y luego elegir o apoyar tu argumentación en aquellas que has detectado que son relevantes para el cliente.

Por ejemplo, si explicas un cochecito de bebé, no a todos los clientes les interesará que sea de titanio y por eso muy ligero y que se pueda subir a un quinto piso sin ascensor solo con el meñique, porque puede que te conteste que le importa un pepino porque vive en un bajo. Si a mí un vendedor de camisas me dijera que es de algodón y poliéster y por eso es fácil de planchar, no me emocionaría, porque yo plancho muy poco ya que me aburre y cuando me toca hacerlo a veces me pongo un jersey para que no se vea la camisa sin planchar ☺. Sin embargo, si la fase de necesidades se ha trabajado muy bien y el vendedor logra saber que no me gusta mucho planchar y que mi profesión es la de profesor, puede descartar la característica «fácil de planchar» y centrarse en la característica «no se arruga» y decirme que «teniendo en cuenta que usted es profesor, la imagen de su camisa será impecable desde la primera hasta su última clase del día porque este material es el que menos se arruga». Desde luego la clavaría y yo pensaría: «¡Ole, ole y ole!». Vale la pena pagar un poquito más por esa ventaja.

3. Humildad

Es también muy importante, a la hora de presentar los productos y servicios, que el vendedor hable con humildad. Creer en el propio producto o servicio que se vende es muy importante, estar orgulloso de la compañía para la que se trabaja es muy necesario, defender los intereses propios es algo lógico y razonable, pero, en ocasiones, todo ello podría llegar a provocar cierta vanidad en el vendedor.

Se debe ser muy cuidadoso para presentar los productos o servicios con humildad, contestar las preguntas o consideraciones del cliente con sencillez, aunque estas a veces puedan parecer impertinentes o pongan en duda lo que decimos. En muchas ocasiones la razón se pierde en las formas, y tener la razón no implica perderlas. Explicar las cosas con una cierta humildad jugará siempre a nuestro favor y de las percepciones que el cliente pueda extraer de nosotros y de nuestra profesionalidad.

Ser humilde no implica en ningún caso menoscabar las virtudes de nuestros productos o servicios, dejar de comentar nuestros puntos fuertes o disimular los aspectos más positivos de nuestra oferta. Para nada. Es simplemente no ser vanidoso. No nos gustan las personas arrogantes, chulas, prepotentes, aunque tengan razón, nos sentimos más cómodos con personas normales, sencillas, cercanas, humildes. Y recuerda que el nuestro es un trabajo de relaciones humanas y de sensaciones.

4. Referencias

Siempre que puedas, apóyate en referencias. Con orgullo por el trabajo hecho o por el cliente que tienes, pero con humildad y sencillez. Es compatible ser humilde y estar orgulloso del trabajo que uno hace. Se da por hecho que como vendedor hablarás bien de tus productos y servicios, que destacarás sus grandes virtudes e incluso que en ocasiones exagerarás un poco más de la cuenta. Por este motivo demostrar lo que dices es tan importante.

Una de las mejores pruebas de que somos confiables son nuestros clientes. Una forma de argumentar a un cliente las bondades de nuestros productos o servicios es apoyándonos en clientes que han adquirido los mismos productos o servicios. Eso aumenta nuestra credibilidad.

5. La medalla personal

Si lo importante para el cliente son los beneficios, ¿es necesario explicar las características? Con cierta lógica, algunos vendedores podrían pensar que habría que centrarse solo en los beneficios si es lo que realmente interesa a los clientes.

De todos modos, explicar las características de un producto o servicio es muy importante y no debería pasarse por alto. Cuando argumentamos las características de nuestros productos o servicios, aunque al cliente le importen sobre todo los beneficios, estamos dando la imagen de profesionales, de dominar, de ser unos expertos en la materia. De aquí viene en gran parte la buena impresión que podemos causar al cliente. Al saber explicar muy bien tu producto o servicio estás poniéndote una «medalla personal» delante del cliente, estás demostrándole que «la tocas» y que el cliente puede confiar en ti.

También es una forma de diferenciarse de la competencia. Dado que la mayoría de vendedores no profundizan demasiado en la explicación de sus productos o servicios, hacerlo de manera inteligente supone una diferenciación importante.

Por ejemplo, un vendedor mediocre de parqué le diría al cliente que «hay dos tipos de parqué: natural y sintético; si lo va a colocar en un domicilio particular, le recomendaría una dureza 3 y solo tiene que elegir los colores». No ha dicho ninguna mentira ni ha dado datos equivocados, pero su argumentación ha sido muy pobre.

Un vendedor más profesional realizaría una argumentación mucho mas completa: «Hay dos tipos de parqués, el de madera natural y el sintético, que es una imitación de la madera. El primero es mucho más bonito y acogedor, pero requiere un mantenimiento periódico, es más delicado y tiene un precio superior; el segundo, por el contrario, sin ser tan cálido, tiene las ventajas de ser más económico, menos delicado y no requiere ningún tipo de mantenimiento. Por otro lado, los parqués tienen cinco tipos de dureza, desde 1 hasta 5. Para comprender cómo se mide la dureza de un parqué imagínese una lija encima de la madera. A 3.000 revoluciones por minuto, el de dureza 3 permanecería intacto; a 4.000 r. p. m. el de 4 quedaría perfecto y el de 5 aguantaría 5.000 r. p. m. Los de resistencia 1 y 2 son muy delicados y no se recomiendan para una vivienda; al mínimo roce o golpe se estropearía, lo utilizan, por ejemplo, los expositores en las ferias, ya que necesitan ese suelo para un par de días, máximo tres. Por el contrario, un parqué de dureza 5 se recomienda para zonas de mucho paso, por ejemplo, centros comerciales. Para su vivienda particular se recomienda generalmente uno de dureza 3, pero si tiene niños pequeños que juegan en el suelo o un perro, recomendaría poner uno de dureza 4 para asegurar que no se estropeará». Después de esta explicación al cliente solo le faltará decir: «¡Ole, ole y ole!». Sin duda, este vendedor parece que conoce mucho mejor sus productos, y este «parece» es lo que lo sitúa en la mente del cliente como más profesional, es lo que le da más confianza y puede decantar la decisión a su favor frente a otros competidores.

6. Apoyos visuales

Hay un dicho que dice: «Hay muchos más nervios del ojo al cerebro que del oído al cerebro»; por eso las cosas entran mejor por la vista que por el oído, o, para ser más simple: «Una imagen vale más que mil palabras».

Yo puedo estar media hora explicándote que Camprodon es el pueblo más bonito del planeta y si me esfuerzo quizá lo consiga. Pero lo que es seguro es que si te enseño un par de fotos del valle lo conseguiré en tres segundos. Y sin abrir la boca.

Para poder sustentar sus argumentos, puedes utilizar los siguientes apoyos visuales:

- Muestras de productos: ayudan al cliente a tener una idea más precisa sobre el producto que ofreces, permite hacer objetivos y explícitos tus argumentos.

- Fotografías: las fotografías sobre el producto, sus características, sus usos, etcétera, también son muy útiles para que el cliente pueda comprender mejor nuestros argumentos. Por ejemplo, un vendedor de automóviles tendrá más éxito explicando a un cliente potencial qué es el ESP de un vehículo apoyándose en un dibujo descriptivo que puede estar en el catálogo que simplemente con una explicación verbal. Si un vendedor de canales de cables quiere explicar cómo sus productos se adaptan a diferentes entornos, puede utilizar fotografías de sus productos en estos diferentes entornos. Del mismo modo, una empresa de productos industriales puede utilizar fotografías de trabajos realizados para otros clientes relevantes para argumentar sus productos o servicios, un fabricante de muebles puede enseñar trabajos realizados para otro cliente, etcétera.

- Datos: un apoyo muy importante para nosotros son los datos proporcionados por una fuente fiable. Para demostrar la resistencia de un producto a elevadas temperaturas, la seguridad de un vehículo, la satisfacción de los clientes, la aceptación de un producto, etcétera, es muy útil utilizar datos de estudios o encuestas. Si esta información proviene de terceros y no de la propia compañía, mucho mejor, son más creíbles.

- Además de fotografías, ilustraciones, datos, etcétera, puedes realizar dibujos, esquemas o croquis en su libreta para facilitar la comprensión de los conceptos expuestos y hacer mucho más visual tu presentación.

7. El catálogo

Un apartado especial merece el catálogo o dosier de productos y servicios. Debemos conocer y dominar muy bien nuestro catálogo porque puede ayudarnos en gran medida a explicar o reforzar nuestros argumentos, demostrar lo que decimos, apoyar nuestros comentarios y hacer visuales nuestras exposiciones. Piensa que los que hacen los catálogos son expertos en eso, lo hacen pensando en cómo ayudar a vender visualmente un producto o servicio, por eso tenemos que aprovechar muy bien este recurso.

A la hora de preparar un catálogo es importante tener en cuenta las siguientes consideraciones:

- Fotos atractivas en las que el producto o servicio «entre por la vista». Los vendedores de automóviles, por ejemplo, saben qué fotos son las más atractivas de un vehículo y se detienen especialmente en esas páginas para que el cliente se quede con la mejor imagen de su vehículo.
- Fotos o imágenes que ayuden a explicar un concepto especialmente complejo o que sea muy importante para el cliente. Así, por ejemplo, una foto o una ilustración pueden demostrar la facilidad de montaje y desmontaje de un aparato.

- Fotos o imágenes que destaquen los puntos fuertes del producto o servicio.
- Datos relevantes que se recogen en el catálogo y que puedan ser de especial interés para el cliente.
- Ilustraciones que reflejen el ámbito de actuación, la organización o la estructura de la compañía.
- Listado de clientes o referencias.

Finalmente, hay dos premisas importantes que debemos tener muy en cuenta con respecto al catálogo:

- El catálogo debe estar en perfectas condiciones. Es la imagen de la compañía y la nuestra, y en ocasiones suele utilizarse en los primeros momentos de una visita de ventas, justo cuando el cliente no nos conoce y extrae sus primeras consideraciones acerca de nuestra profesionalidad.
- Al presentar un catálogo, debemos tener muy en cuenta que siempre debe estar en nuestras manos; debemos tener mucho cuidado en no dejarlo suelto en una zona intermedia que pueda facilitar que el cliente lo tome en sus manos, ya que si lo hiciera, perderíamos el control de la presentación. Podríamos estar hablando de una página y el cliente podría estar en otra diferente, quizá querríamos explicar una imagen concreta y el cliente estaría preguntando por otra cosa de una página diferente. Si pese a todos los cuidados esto ocurriera, deberíamos pedirle permiso al cliente para retomar el control del catálogo y proseguir con nuestra presentación.

8. Lenguaje no verbal del cliente

Mientras se argumenta un producto o servicio, deberíamos estar muy atentos al lenguaje no verbal del cliente, a las señales que puede enviar y a los mensajes que transmite.

Estar muy atento a esta información nos permitirá:

- Detectar puntos de especial interés para el cliente.
- Reconocer cuándo el cliente está perdiendo el interés o se está aburriendo.
- Darnos cuenta de que el cliente tiene prisa, está inquieto o nervioso.

Hay personas que son muy expresivas y transmitirán estas sensaciones de manera muy evidente; en otras ocasiones, la forma de ser del cliente hará que sea muy complicado para el vendedor recoger estas sensaciones, pero hay que estar atento.

Cuando alguna de las circunstancias anteriores ocurran, deberíamos decidir cómo actuar en cada caso de la mejor manera posible:

- Detenernos en los puntos de especial interés, profundizar en ellos, preguntarle si tiene dudas y, especialmente, preguntarle si ese aspecto en concreto le parece relevante. Este es un buen medio para terminar de descubrir los criterios y motivaciones del cliente.
- Agilizar la presentación o incluso cambiar de tema si observamos que el cliente ha perdido el interés.

- En casos en los que el cliente envíe mensajes muy evidentes que indiquen que tiene prisa, deberíamos detener la presentación y verificar si es mejor continuar o detenerse y emplazarse para otra reunión. Este punto no debería ocurrir si hemos verificado la disponibilidad de tiempo en la fase de «Conexión inicial» y nos ajustamos a ella, pero de todos modos es bueno prever todas las circunstancias posibles porque en una reunión de ventas pueden ocurrir las cosas más insospechadas.

9. Cierre de verificación

Esta técnica es muy útil para finalizar una argumentación de un producto o servicio. En numerosas ocasiones nos encontramos con un cliente que nos transmite mucha información, que nos hace preguntas, que nos transmite sus impresiones. Sin embargo, en otras situaciones podemos encontrarnos con clientes que no abren la boca, que no comentan nada y que no realizan preguntas. En estas circunstancias, la tensión nos hará seguir hablando de nuestro producto o servicio, seguir buscando más y más argumentos esperando una reacción del cliente que puede no llegar.

Una manera eficaz de evitar estas situaciones es argumentar tranquilamente el producto o servicio y terminar con esta simple pregunta: «¿Qué le parece, señor cliente?». Esta u otras parecidas: «¿Encaja con sus necesidades?», «¿Es esto lo que estaba buscando?», «¿Le parece interesante?».

Esta pregunta tiene la fantástica ventaja de que es fácil de hacer porque no es agresiva (por lo tanto, nos sentiremos cómodos y la utilizaremos) y, por otra parte, es muy útil. La respuesta dará una información muy valiosa acerca de lo que piensa el cliente de la presentación que acabamos de realizar. Las respuestas serán de dos tipos:

- Objeciones o solicitud de mayor información. Pues nada, seguimos avanzando en el proceso.
- Satisfacción con el producto o servicio presentado. Le encanta. Entonces vamos a cerrar ☺.

Si no hiciéramos esta pregunta, podríamos encontrarnos bloqueados y con un final precipitado por parte del cliente del tipo: «Muy bien, me quedo con su información y le diré algo». En la mayoría de los casos en los que un cliente pronuncia estas palabras, recogemos las pertenencias y nos vamos, en muchas ocasiones pensando que la visita «fue muy interesante».

10. Otras ideas que pueden ayudarte

Hay algunas ideas sencillas y prácticas que te pueden ayudar en gran medida a realizar tus presentaciones de manera más efectiva.

- Siéntate a un lado del cliente; evita la posición frontal, que tiene connotaciones de enfrentamiento y resulta de enorme incomodidad para presentar un dosier, un catálogo, unas muestras o unas ilustraciones.

- La argumentación deberíamos hacerla siempre mirando a los ojos del cliente. Como se ha comentado anteriormente, no hay nada que dificulte más nuestra credibilidad y que cree una atmósfera de mayor desconfianza con el cliente que no mirarlo a los ojos cuando estamos hablando. En ocasiones, sin quererlo, nos encontramos tan enfrascados en nuestra presentación, tan concentrados en nuestro «discurso», que nos olvidamos del cliente y dejamos de mirarlo. Debemos estar muy atentos a no cometer este error.

- Si hablas de la competencia, hazlo siempre con respeto. Queda feo hablar mal de los demás. Aunque tengas razón ☺.

- Pide reacciones del cliente para verificar que la presentación va por el camino adecuado, que no hay dudas, o para confirmar algunos criterios del cliente.

- Sé claro y conciso; es mejor explicar dos ideas que catorce. El cliente no recordará gran cantidad de información, es mejor tratar de esforzarnos para que retenga aquella información que realmente consideramos relevante y no abrumarlo con una enorme cantidad de información aburrida.

- Intenta utilizar las palabras del cliente para adaptarte a su lenguaje; para ello es muy importante nuevamente estar atento en la fase anterior de «Detección de necesidades», tomar notas, etcétera.

- Haz participar al cliente en la presentación siempre que sea posible, pidiéndole su opinión, por ejemplo.
- No pierdas el control de la presentación. Si el cliente realiza alguna pregunta, puedes contestarla y volver a la presentación, pero también puedes decidir pedir un poco de tiempo al cliente antes de contestarla y terminar antes tu presentación. Es especialmente importante tenerlo en cuenta cuando el cliente formula preguntas complejas que suponen objeciones importantes, cuando solicita el precio o cuando la respuesta distorsionaría en gran medida nuestra presentación. Eso no quiere decir que debamos ser rígidos en la presentación, al contrario, hay que tratar de ser flexibles, pero debemos intentar también que el cliente no controle la entrevista. Deberíamos saber cuándo aplazar y retrasar las preguntas del cliente y cuándo afrontarlas en ese mismo momento.
- Evita el lenguaje excesivamente técnico y complejo; puede hacer que el cliente pierda interés o incluso colocarlo en situaciones embarazosas por su posible desconocimiento. Este punto es compatible con la explicación técnica detallada de «La medalla personal». Lo único que debemos tener muy en cuenta es no abusar de la jerga técnica si no es necesario.
- Nunca engañes al cliente; tarde o temprano se dará cuenta y todo el trabajo realizado habrá sido inútil.
- Tampoco exageres nunca al hablar sobre un producto o servicio; eso provoca desconfianza en muchos clientes y expectativas incumplidas en todos ellos. Nuestro objeti-

vo es vender y mantener una relación a largo plazo con el cliente. La mentira, el engaño y la exageración pueden ayudar a lograr una venta a corto plazo, pero perjudican sin duda los objetivos de una relación a largo plazo. Siempre es más rentable ser honesto y sincero. Si un producto o servicio tiene ciertas limitaciones, hay que reconocerlas abiertamente y estar preparados para defenderlas.

FASE 4 DE LA VENTA: PRESENTACIÓN DEL PRODUCTO O SERVICIO

Conceptos básicos	Ideas importantes
1. TÉCNICA ENCHUFE PARA EVITAR EL *PLAY*	1.1. Evitar utilizar los mismos argumentos para todos los clientes; cada cliente tiene necesidades y prioridades propias. 1.2. Centrar la argumentación en aquellos aspectos identificados en la fase anterior como importantes para el cliente.
2. CARACTERÍSTICAS Y BENEFICIOS	2.1. Al argumentar un producto o servicio, explicar sus características pero destacar también sus beneficios. Utilizar el método «¿y?» y «¡ah!». 2.2. Adaptar los beneficios al cliente, la misma característica puede tener beneficios diferentes para clientes diferentes. 2.3. Distinguir entre beneficios para nuestro cliente y para su cliente, el usuario final.
3. HUMILDAD	3.1. No argumentar con exageraciones falsas ni con arrogancia o prepotencia.
4. REFERENCIAS	4.1. Apoyar la argumentación con referencias que sean interesantes para el cliente. 4.2. Las referencias pueden ser «proyectos similares» aunque el cliente no sea tan relevante.
5. LA MEDALLA	5.1 El segundo gran momento para «enamorar» es cuando se argumenta un producto o servicio. El cliente tiene que darse cuenta de que somos profesionales que conocemos muy bien nuestros productos y servicios, confiando así que está en las mejores manos. 5.2. Utilizar un equilibrio entre jerga técnica y explicaciones comprensibles para cada perfil de cliente.

FASE 4 DE LA VENTA: PRESENTACIÓN DEL PRODUCTO O SERVICIO	
Conceptos básicos	**Ideas importantes**
6. APOYOS VISUALES	6.1. Enseñar físicamente el producto si es posible y dejarlo en manos del cliente. 6.2. Apoyarse en imágenes de los catálogos o folletos, o en las que podamos tener en nuestra tableta o en internet. 6.3. Explicar con dibujos y esquemas en un papel.
7. EL CATÁLOGO	7.1. Preparar la explicación identificando lo más interesante para el cliente, imágenes o datos en los que apoyarse, etc. 7.2. Mantener el catálogo en nuestras manos pero de cara al cliente.
8. LENGUAJE NO VERBAL DEL CLIENTE	8.1. Identificar cuándo «se aburre» para parar, agilizar o realizar una pregunta que lo involucre. 8.2. Detectar señales que demuestren interés por su parte y aprovechar para parar o preguntar.
9. FINALIZAR CON PREGUNTA DE SEMICIERRE	9.1. Al finalizar una argumentación de un producto, servicio o presupuesto, realizar una pregunta de este tipo: «¿Qué le parece?», «Le parece interesante?».

FASE 5 DE LA VENTA:
Objeciones

Es inevitable que en una conversación comercial el cliente plantee objeciones, es algo lógico y natural, sería mucho peor que no lo hiciera. Si un cliente se despidiera de nosotros con un «muy bien, me quedo con tu información y ya te diré algo», sería desesperante para nosotros. No sabríamos si le gusta o no, si la oferta le ha parecido interesante o no, si tiene intención de comprar o no; si decide que no compra, tampoco sabríamos los motivos, quizá me entendió mal, interpretó mal una información o desconoce algunas propiedades únicas de mi producto o servicio. Si no tenemos esta información, no podemos resolver las dudas del cliente y seguir avanzando hacia el cierre. Simplemente estamos en sus manos, hemos perdido todo el control.

Las objeciones son normales, todos las hacemos. Nadie compra sin pensárselo un poco, y cuando te lo piensas es cuando surgen las dudas, las preguntas, en suma, las objeciones.

Antes que nada, es importante saber diferenciar entre objeciones y condiciones. Una objeción es una pregunta o consideración que realiza el cliente con respecto a nuestro producto o servicio que supone un obstáculo para que tome la decisión de comprar pero que no le impide continuar siendo un cliente potencial. Una condición es, por el contrario, aquella circunstancia que provoca que el cliente no pueda ser considerado un cliente potencial de nuestro producto o servicio. Las condiciones pueden ser que no necesita un producto, que no puede pagarlo o cualquier impedimento objetivo y real que haga que el cliente no pueda adquirir un producto o servicio determinado.

Por ejemplo, los siguientes serían ejemplos de objeciones:

- Es un material que es difícil de lavar.
- Me parece demasiado grande.
- Tengo que convencer a mi jefa.

Ejemplos de condiciones serían los siguientes:

- No me gusta la playa y jamás iré allí de vacaciones.
- Tengo que tenerlo mañana, no puedo esperar un mes.

- No me gusta jugar al tenis y por eso no quiero comprar raquetas de tenis.

De cara a tratar las objeciones con eficacia es importante tener en cuenta las siguientes consideraciones:

1. Actitud positiva

Es frecuente que nos desanimemos cuando escuchamos las primeras objeciones del cliente. «Todo iba muy bien hasta ahora…», es lo que podrías pensar, o: «Ya sabía yo que tendría alguna pega…».

Esta actitud pesimista y destructiva no nos ayuda en nada porque nuestro ánimo decaerá, transmitirá esta actitud de desmoralización al cliente y no pondremos el empeño ni nuestros mejores esfuerzos en resolver las objeciones planteadas por el cliente.

¿Qué esperabas?, ¿que dijera: «Sí, sí, me encanta, ponme cuatro enseguida que no puedo vivir sin tu producto»? Eso no pasa ni en las pelis, la venta hay que trabajarla y suele haber obstáculos.

Tener una actitud positiva está justificado por los siguientes motivos:

- Una objeción significa que el cliente tiene al menos cierto interés, de lo contrario haría lo más fácil para él, que es dar por concluida la reunión.

- Difícilmente se produce un cierre de venta sin objeciones.
- Una objeción es una oportunidad de venta si sabemos resolverla de manera satisfactoria.
- Los clientes hacen objeciones porque tienen dudas, les falta información o no han comprendido bien las explicaciones que les hemos dado.
- En ocasiones, el cliente plantea objeciones porque tiene miedo a equivocarse, necesita estar seguro de la decisión que va a tomar.
- Una objeción es una reacción muchas veces lógica, humana, ante un intento de vendernos algo.
- Hay personas que poseen un carácter más crítico y tienen tendencia a plantear objeciones, pero también son clientes que compran.
- Hay otras personas que plantean objeciones para darse importancia.

Una actitud positiva por nuestra parte implica:

- No ponerse en actitud defensiva.
- No comportarse de manera agresiva.
- Escuchar e intentar comprender la objeción del cliente, sin interrumpir.
- Respetar la objeción del cliente.

2. Autocontrol

Ante una objeción, no debemos sentirnos atacados, sino que debemos actuar con una actitud serena y de fortaleza. No podemos decirle al cliente, si le parece caro nuestro producto, que se compre uno más barato y que ojalá le explote en su casa. A veces tenemos ganas de desahogarnos y nos cuesta controlarnos porque nos sentimos atacados.

Cuando un vendedor se muestra atacado:

- Se defiende.
- Se disculpa.
- Se justifica.
- Se irrita.
- Reacciona enérgicamente.
- Se ofende.
- Discute.
- Menosprecia.
- Pierde la humildad.

Por el contrario, un vendedor que se siente fuerte:

- Responde con naturalidad.
- Razona.
- Se explica con serenidad.
- Demuestra e ilustra.
- Dialoga.
- Convence.

- Domina la situación.
- Actúa con humildad.
- Se gana la confianza del cliente.

Piénsalo bien. Las discusiones con el cliente son muy peligrosas porque nunca se ganan, nunca; porque si se gana la discusión, se pierde el cliente y si se pierde la discusión, pues tampoco se gana.

Nuestro trabajo no es dar lecciones al cliente, ni de desahogarnos o dejarlo en su sitio, por muy a gusto que se quede uno ante una afirmación que considera un ataque personal, porque se quedará a gusto pero sin cliente. El ego juega casi siempre en nuestra contra. Además, muchas veces el cliente manifiesta una objeción que nos molesta pero él no tenía esa intención.

Saber frenarse, controlarse, reaccionar de manera positiva cuando la primera tentación es ser agresivo o defensivo es una virtud enorme que deberíamos cultivar.

A veces no nos descontrolamos abiertamente, lo hacemos con ironía o de forma más sibilina, como, por ejemplo, cuando ridiculizamos una objeción. En ningún caso deberíamos minimizar o ridiculizar una objeción del cliente. Si el cliente plantea una cuestión es porque para él es importante; si no, no la plantearía. Las objeciones son subjetivas y no es importante si nosotros consideramos las objeciones relevantes o no, lo importante es si son relevantes para el cliente, eso es lo único que importa. Minimizando, menospreciando o ridiculizando una objeción no se logra solucionarla, pero sí se logra, casi con toda seguridad, perder el cliente y desperdiciar todo el enorme trabajo realizado anteriormente.

Hazte dos preguntas: ¿me interesa este cliente?, ¿me interesa que hable bien de mí? Solo si contestas que no a las dos, todo lo que he dicho anteriormente no sirve. Si no te interesa el cliente y te da igual que hable mal de ti, entonces arremángate si quieres y desahógate, quédate muy a gusto.

3. Escuchar, aclarar, afrontar

Estos tres sencillos pasos pueden ayudarnos a la hora de hacer frente a las objeciones.

ESCUCHAR
El primer paso consiste en escuchar atentamente, sin interrumpir, tomando notas si hiciera falta, comprendiendo lo que dice y siente el cliente y haciéndole notar que lo comprendemos. Sin cortarlo ni interrumpirlo, aunque no tenga razón, aunque sepamos lo que va a decir, hay que resistir la tentación y escuchar con atención.

ACLARAR
En ocasiones la objeción planteada por el cliente puede no estar clara del todo. Hay que tratar de obtener la mayor información posible acerca de la objeción planteada; cuanta más información tengas, más probabilidades tendrás de resolverla de manera eficaz.

Si el cliente plantea objeciones como: «No lo veo claro, me parece muy grande, no me gusta el color, el precio no está dentro de mis posibilidades, me parece complejo…», está claro que nos faltará información para afrontarlas: «¿qué es lo que no ve claro?, ¿por qué le parece muy grande?, ¿qué tamaño necesita?, ¿cuál es su presupuesto?, ¿qué es lo que le parece complejo?, ¿por qué?», etcétera, son preguntas de clarificación que resultan de gran utilidad para entender mejor la objeción.

Afrontar

Una vez aclarada la objeción, cuando se tiene un conocimiento preciso de la consideración planteada por el cliente, estamos en mejor disposición de argumentarla, no antes. Si lo hiciéramos antes, probablemente nos precipitaríamos y no estaríamos respondiendo a la inquietud exacta del cliente. Por ejemplo, imaginemos que a un cliente no le gusta una mesa; podríamos argumentar hablando de sus fantásticos materiales y su maravilloso diseño, vaya, que estaríamos haciendo el chusquero. Si preguntáramos qué es lo que no le gusta exactamente, quizá averiguaríamos que lo que no le gusta es el color.

El orden para afrontar las objeciones suele ser de mayor a menor facilidad, primero aquellas de las que es fácil ofrecer una argumentación sólida y convincente, aquellas en las que se llegará rápidamente a un acuerdo, dejando las más complejas y delicadas para el final.

Para afrontar y contestar bien las objeciones es necesario haber trabajado un «Argumentario de objeciones». Como decíamos anteriormente en la fase de «Preparación», es crítico preparar adecuadamente este argumentario de las objeciones que se puedan prever. Es ahora cuando nos hará falta, cuando no podemos improvisar, cuando una mala respuesta puede tirar por tierra todo el trabajo realizado hasta el momento.

No tener un buen argumentario supondría que no tiene ningún sentido esforzarnos en transmitir una buena imagen durante los primeros minutos, presentarnos adecuadamente, saber hacer preguntas inteligentes, tomar notas, aprender a escuchar, argumentar adecuadamente, saber utilizar el catálogo, etcétera. Hacer todo eso muy bien solo nos permite llegar con mejores condiciones a la situación actual, nada más; ni nada menos. El objetivo es trabajar bien cada fase de la venta para llegar con las mejores opciones posibles a la última fase, a la más importante, la fase de cierre. Las fases anteriores no son un fin en sí mismo, son un medio para llegar al final. Si ahora, cuando se plantean objeciones, no estamos a la altura de las expectativas despertadas, la venta se vendrá abajo.

Podemos hacer un argumentario de objeciones eficaz si nos planteamos las siguientes preguntas:

- ¿Por qué el cliente plantea esta objeción?
- ¿Por qué es importante para él?
- ¿Cómo puedo convencerlo y demostrarle que mi producto o servicio lo ayuda en estos puntos importantes para él?
- ¿Cómo puedo solucionar los problemas que se le plantean al cliente? ¿Cómo puedo demostrárselo?

Para hacer uno muy bueno es importante tener en cuenta las mismas consideraciones que apuntábamos cuando hablábamos de un argumentario de producto o servicio:

- El argumentario de objeciones debe prepararse por escrito, con bolígrafo y mucho papel.
- El primero nunca es el bueno. Siempre el siguiente es mejor que el anterior argumentario, por eso cuanto más se trabajen, mejor.
- Un argumentario de objeciones es un documento vivo, que tiene que actualizarse constantemente. Hay diferentes modos de mantenerlo al día: nuevas ideas que surgen cada vez que se presenta el producto, comentarios del cliente, análisis de los productos o servicios de la competencia, etc.
- Uno mismo puede hacer un argumentario bueno, pero no buenísimo. Para hacer un argumentario buenísimo es recomendable hacerlo conjuntamente entre varios. La aportación de diferentes personas enriquece con toda seguridad un argumentario, y si estas personas forman un grupo heterogéneo, mucho mejor.

Para trabajar los argumentarios va muy bien conocer los principales tipos de objeciones. Hay algunas muy frecuentes que el vendedor debería saber responder. Algunas de estas objeciones son las siguientes:

- Objeciones silenciosas: son aquellas en las que el cliente es muy poco claro con sus pensamientos y desconocemos los motivos por los que se plantea una objeción. Por ejemplo: «No me interesa, gracias». En este caso deberíamos realizar alguna pregunta de aclaración del tipo: «¿Por qué no le interesa?, ¿qué aspecto de mi oferta es el que no le interesa?». Otro ejemplo sería: «No lo veo claro». También en este caso podríamos realizar alguna pregunta de aclaración del tipo: «¿Qué es lo que no ve claro?».

- Muy parecida es la objeción: «Me lo pienso». Esta es una objeción muy difícil, pero hay que intentar realizar alguna pregunta que nos ayude a obtener mayor información, preguntas del tipo: «¿Tiene alguna duda?».

- Informativas: son aquellas en las que el cliente pregunta abiertamente porque necesita mayor información. Por ejemplo: «¿Puede explicarme cómo se ajusta su producto a la legislación actual?». Hay que contestar facilitando el máximo detalle y verificando la necesidad de mayor información por parte del cliente.

- Objetivas: son aquellas en las que el cliente plantea sus dudas objetivas de que el producto o servicio se ajuste a sus necesidades y criterios. Por ejemplo: «Necesito unos neumáticos que duren más». En este caso, la respuesta más efectiva es proporcionar pruebas y demostrar o garantizar aquellos aspectos sobre los que el cliente duda.

- Subjetivas: son objeciones de tipo personal, difíciles de prever. Por ejemplo: «No creo que me convenga». Hay que utilizar también en este caso preguntas de aclaración.

- De alardeo: estas objeciones son las que el cliente hace para darse importancia, demostrar sus conocimientos o su posición jerárquica. Por ejemplo: «Conozco bien su producto». Hay que aceptarlas sin reaccionar de manera defensiva ni agresiva, simplemente escucharlas e intentar mantener la autoestima del cliente.

- De último recurso: el cliente plantea estas objeciones como excusa, cuando ya no hay verdaderas objeciones. Por ejemplo: «Tengo que consultarlo». Habría que verificar que efectivamente no hay otras objeciones importantes, aislando la objeción e intentando posteriormente lograr un compromiso por parte del cliente.

- Contento con su proveedor actual. Todo un clásico. Esta es una de las más difíciles y complicadas, sobre todo porque en ocasiones es cierta y puede no estar tanto en el campo de las objeciones y situarse muy cerca de las condiciones. En este caso, podríamos intentar cuatro alternativas. En primer lugar, dejar la puerta abierta para el futuro; en segundo lugar, argumentar las ventajas de tener dos proveedores, uno principal y otro secundario; en tercer lugar, intentar localizar un hueco donde el proveedor de nuestro cliente no pueda ayudarlo; finalmente, conocer el nombre de su proveedor para conocer en qué aspectos somos más fuertes y poder plantearlo al cliente.

- Precio: esta es la objeción más difícil y más habitual. También es la más real y la más frecuente. Es, sin duda, la que más deberíamos trabajar con un buen argumentario.

Para argumentar un precio hay dos técnicas que se utilizan mucho y que son muy útiles:

a. Sándwich. La gente normal se come un sándwich con un trozo de pan debajo, el jamoncito en medio y un trozo de pan encima. Pues esta técnica sirve cuando nos preguntan un precio: di algo bueno (pan), a continuación el precio (jamoncito) y finalmente termina explicando algo bueno del producto (pan). Por ejemplo, imaginemos una televisión que cuesta 550 euros. Si un cliente pregunta: «¿Cuánto cuesta?», podríamos simplemente contestar: «550 euros» y podríamos añadir: «¿Que no lo ve, atontado?». Pero seríamos un poco chusqueros y sería mejor poner un cartel con el precio y que nos echaran a la calle. Con la técnica del sándwich podríamos decirle que «teniendo en cuenta que es el último modelo de la marca y que viene con el rúter incorporado, con tres años de garantía y una PlayStation integrada el precio es de 550 euros, y eso incluye la instalación, catorce juegos y un viaje a Nueva York». Se entiende, ¿verdad? Ya sé que exagero, pero espero que entiendas la técnica ☺.

b. Trocear. Esta técnica consiste en dividir el precio, hacerlo más pequeño. Movistar no nos dice en su publicidad que podemos tener todo el fútbol en casa por 600 euros al año. No, no. Lo que nos dice es que podemos tenerlo por 1 eurito al día, que suena mucho más tentador, aunque al final sea lo mismo, porque si multiplicas 1,64 euros por los 365 días salen esos 600 euros. Sí, sí, es lo mismo, pero suena diferente y convence más ☺. Se puede utilizar con muchos productos: el precio de una caldera se divide por meses o años teniendo en cuenta su vida útil e igual se puede hacer con un automóvil o un ordenador.

Una vez que hemos explicado el precio, si el cliente pone una objeción como que «me parece muy caro», la mejor técnica es la de la «T», que veremos en el siguiente capítulo de técnicas de cierre.

4. Aislar

Si es posible, también será muy útil «aislar» una objeción. Esto significa separarla, apartarla. En ocasiones puede ocurrir que nos encontremos contestando una objeción tras otra de manera interminable, muchas veces porque el cliente está intentando buscar nuevas excusas para no comprar un producto o servicio.

Aislar una o varias objeciones facilita que el cliente exponga, de golpe, todas sus principales objeciones, evitando que vayan apareciendo nuevas objeciones conforme se contestan las anteriores. La pregunta para aislar objeciones es de este tipo: «Perdone, señor cliente, aparte de esta duda que plantea, ¿hay algo más que le preocupe?, ¿hay algo más que no le encaje para tomar la decisión de compra?». En muchas ocasiones planteará de golpe una o varias objeciones, pero será un número limitado.

Una vez aisladas, hay que contestarlas una por una, pero de este modo evitamos que luego haya otras. En ocasiones aislamos una objeción que sabemos que tiene muy fácil solución. En este caso aislar nos ayuda casi a cerrar. Volvamos al ejemplo de la mesa. Primero habría que aclarar: «¿Exactamente qué es lo que no le gusta?» o «¿Por qué no le gusta?». Si dijera que no le gusta el color, que la prefiere naranja y tenemos veinticinco tipos diferentes de naranja en el almacén, tendríamos dos opciones:

- Explicarle que tenemos esos veinticinco tipos de naranja diferentes para que elija. En este caso solucionaremos la objeción pero después nos podrá poner otra.
- Si la aislamos, es decir, si sabemos seguro que tenemos la mesa en el color naranja que quiere, podríamos decirle: «Al margen del color, ¿el resto de la mesa le encaja? El tamaño, el material, el diseño, ¿le parece todo bien?». Si dice que sí, ¡tenemos la venta casi cerrada!

5. Es verdad

Cuando el cliente comenta que le parece caro, además de la técnica de la «T» que veremos luego, sirve también esta técnica, que es muy simple. Ser caro no es ser un ladrón. Para nada. A veces hay que explicarle al cliente dónde está la diferencia de precio.

Habría que preguntar primero: «¿Comparado con qué?» Necesitamos saber con qué producto o servicio nos compara y poder argumentar así las diferencias. A continuación habría que decirle sin miedo que «es verdad que somos un poco más caros, pero déjeme que le explique por qué» y ofrecer entonces los argumentos que justifican ese precio superior.

6. Posible cierre

Hay vendedores más lanzados que aprovechan la objeción para cerrar. Recuerdo que en una ocasión que fui al concesionario a cambiar los neumáticos de «verano» por los de «invierno» le pregunté al asesor de servicio si podía quedarse los neumáticos de invierno y guardármelos porque en casa no me cabían. Su respuesta directa y simpática fue esta: «Si te guardo estos de invierno, ¿me compras los que necesitas de verano?». ¡Pam! ¡Un cierre! Podría haber contestado que sí y esperar a cerrar más adelante, o arriesgarse a no cerrar, pero fue valiente y lo consiguió.

FASE 5 DE LA VENTA: ARGUMENTACIÓN DE OBJECIONES	
Conceptos básicos	**Ideas importantes**
1. ACTITUD POSITIVA	1.1. No reaccionar nunca a la defensiva ni con desánimo. Que el cliente haga objeciones es algo natural, refleja que tiene dudas o necesita más información.
2. AUTOCONTROL	2.1. No interpretar las objeciones como ataques personales, aunque por el tono del cliente pudiera parecerlo. 2.2. Reaccionar agresivamente hace que todos los esfuerzos hechos hasta este momento no sirvan para nada. Te desahogarás, pero perderás el cliente.
3. E-A-A	3.1. Tres pasos para argumentar las objeciones: escuchar (sin interrumpir), aclarar la objeción y argumentar.
4. AISLAR	4.1. Aislar si se puede («Además de esta objeción, el resto le parece bien?»).
5. ES VERDAD	5.1. Cuando el cliente tiene razón en su objeción, decir: «Es verdad» y demostrar a continuación ventajas diferenciales y relevantes para el cliente a pesar de esa objeción.
6. POSIBLE CIERRE	6.1. Si sabemos que podemos solucionarla, convertir la objeción en una pregunta de cierre.

FASE 6 DE LA VENTA:
Cierre o no cierre

Una vez resueltas las objeciones, se llega a la última fase de la venta, el cierre. En esta fase deberíamos lograr el compromiso de compra por parte del cliente. Como ya hemos visto antes, todo el trabajo que se ha hecho hasta ahora solo sirve para llegar a esta fase en las mejores condiciones posibles. En sí mismas, las fases anteriores no tienen ningún sentido si no se trabaja la fase de cierre. Sin embargo, muchas entrevistas de ventas finalizan sin que hayamos intentado realizar un cierre de ventas, parece increíble, ¿verdad? Pues pasa, y ocurre por alguno de estos motivos:

- Tenemos miedo a realizar la pregunta.
- En lugar de hacer la pregunta de cierre, esperamos que sea el cliente el que tome la iniciativa y nos diga que quiere comprar. De este modo, confiamos en que será él quien se decidirá sin que sea necesario realizar ninguna pregunta de cierre. Suponemos erróneamente que si el cliente no lo hace, será porque no necesita el producto o servicio.

Para poder trabajar adecuadamente esta fase deberíamos tener en cuenta los siguientes criterios:

1. Requisitos del cierre

Hay una serie de requisitos que deben cumplirse para que podamos trabajar la fase de cierre:

- El cliente necesita el producto o servicio que le ofrecemos.
- El cliente entiende perfectamente la oferta.
- El cliente confía en nosotros.
- El cliente puede ajustarse a las condiciones económicas de la propuesta que le presentamos.

Si se cumplen estos requisitos, entonces estamos en condiciones de pasar a la fase de cierre. Si se incumple alguno de ellos, cualquiera, no deberíamos intentar cerrar la venta. Quizá podamos hacerlo en un futuro, pero no ahora.

2. No presionar

No hay que presionar de forma agresiva al cliente. Hay clientes que necesitan más tiempo que otros, pero todos se molestan cuando se los presiona de forma insistente. Realizar una pregunta de cierre no es obligar al cliente a que compre. Muchas veces la impulsividad, la falta de tacto o la exagerada insistencia pueden hacer que el cliente pierda la confianza que tenía en nosotros, y ese es nuestro principal activo.

3. Esperar el momento adecuado

Un mal intento de cierre es aquel que se realiza en un momento inadecuado. Muchos nos precipitamos por las ganas que tenemos de vender, por falta de preparación o simplemente por prisa.

¿Cuándo es el momento adecuado para realizar una pregunta de cierre? El momento ideal es cuando se tienen claras las necesidades y motivaciones del cliente, se ha presentado el producto, el servicio o la oferta con la profundidad requerida y se han detectado y resuelto las principales objeciones del cliente. Entonces es el mejor momento, no antes. No se debe intentar cerrar si el cliente no comprende la oferta, tampoco cuando el cliente tiene dudas u objeciones. Solo cuando estos puntos se han trabajado con profesionalidad, solo entonces, los intentos de cierre que podamos realizar serán efectivos.

4. Superar el miedo

Los miedos que podemos tener en este momento son principalmente de dos tipos:

- El miedo a engañar al cliente.
- El miedo al fracaso y al rechazo.

Miedo a engañar al cliente

Los buenos vendedores ya hemos visto que no engañan al cliente, son buenas personas y se sienten incómodas si no son honestas con sus clientes. Por eso, si no vemos claro que el cliente pueda necesitar nuestra ayuda, nos resultará muy complicado o imposible intentar el cierre.

Este miedo se supera del siguiente modo:

- Sabiendo que nuestra oferta le encaja perfectamente y lo ayuda a cubrir su necesidad. Precisamente para poder cerrar y no tener que enfrentarse a estos miedos, se hace necesario que trabajemos en profundidad las fases de la venta descritas anteriormente. Cuando sabes qué es lo que necesita el cliente y conoces las prestaciones de tu producto o servicio, entonces, y solo entonces, puedes saber si puedes ayudarlo. Cuando sabes en tu interior que tu producto o servicio se adapta a las necesidades y motivaciones del cliente, entonces no tendrás este miedo a engañar porque estarás convencido de no hacerlo, al contrario, estarás encantado de poder ayudarlo.

- Si tienes claro que tu producto o servicio no se ajusta a las necesidades concretas del cliente y que no quedará satisfecho, entonces no deberías intentar cerrar la venta. Simplemente no se trata de un cliente potencial. Si intentas hacerlo, entonces entrarías en el «mundo de los chusqueros».

MIEDO AL FRACASO

Este es el principal miedo que tenemos los vendedores, miedo básicamente a que nos digan que no; si no lo afrontamos y superamos, no habrá pregunta de cierre y probablemente la venta se irá al garete.

Realizar preguntas en la fase de detección de necesidades es relativamente sencillo y cómodo, también lo es explicar el producto o el servicio y resolver las dudas que pueda tener el cliente. En esos terrenos nos encontramos muy cómodos porque dominamos la situación y las preguntas no tienen agresividad alguna. Pero preguntar si quiere o no comprar ya es otra cosa, porque pueden decir que no.

Algunas formas de superar este miedo son las siguientes:

- Enfrentarse al miedo: nos sentiremos más cómodos realizando estas preguntas de cierre cuando «descubramos» que hacerlas no es tan difícil y que el cliente reacciona con naturalidad y no de manera agresiva.
- Pensar en lo peor que podría pasar. ¿Qué es lo peor que puede pasar? Situarse en ese escenario y aceptarlo es un paso importante para avanzar, especialmente porque esa «peor» situación no es en el fondo tan grave. En ningún caso el cliente se va a reír de nosotros o nos va a cortar un dedo, la peor reacción será una negativa, con mayor o menor educación y amabilidad, pero un simple «no», al fin y al cabo.
- Dominar diferentes técnicas de cierre. Cuando dominamos diferentes preguntas de cierre, entonces podemos

encontrarnos cómodos en diferentes situaciones y circunstancias. Igual que un médico dispone de diferentes bisturís, también nosotros deberíamos disponer de diferentes métodos de cierre.

De todos modos, piensa que el cliente ya sabe que estás reunido con él para intentar venderle algo; aunque explícitamente no se haya dicho, ambas partes sabemos por qué estamos conversando sobre un determinado producto o servicio. Por lo tanto, no será ninguna sorpresa para el cliente que realicemos intentos de cierre.

5. Dominar el silencio

Cuando hacemos una pregunta de cierre se produce el momento de mayor tensión en una visita de ventas. Ese silencio precede a un «sí» o a un «no». Un «sí» puede ser fantástico, maravilloso, ¡¡increíble!! Un «no», por el contrario, puede ser algo muy penoso, triste y muy lamentable. Por eso es un momento tenso, igual que cuando se está a punto de escuchar la nota de un examen o la respuesta a una invitación para ir al cine cuando alguien está ligando.

Esta tensión, estos segundos de silencio, pueden ser insoportables para nosotros y tendremos la tentación de romper el silencio alargando la pregunta innecesariamente, contestándola nosotros mismos (no hay cosa más inútil que esta) o volviendo a reargumentar por enésima vez las bondades del producto o servicio que estamos ofreciendo al cliente. ¡Gran error! ¡Aguanta, aguanta callado!

Hay que aprender a hacer la pregunta, aguantar la tensión del silencio y esperar la respuesta del cliente sin demostrar inquietud. Como si fuera una pregunta natural. Esta es una habilidad importante, muy importante.

Además, hay que tener muy en cuenta que no debemos interrumpir la respuesta del cliente, sea cual sea, pero especialmente si es una negativa, ya que puede proporcionar información muy valiosa sobre las razones de su decisión y puede servir para un cierre en el futuro.

6. El tono de la pregunta

Al realizar las preguntas de cierre, uno de los principales miedos que tenemos es el de parecer excesivamente agresivos sin pretenderlo. Para evitar esta circunstancia es importante utilizar el tono adecuado a la hora de realizar la pregunta; un tono amable, educado o incluso con cierta dosis de humor puede rebajar la presión de la pregunta de cierre.

7. Cerrar no es manipular

Hay quien piensa que utilizar técnicas de cierre como la que veremos a continuación es una manera de manipular al cliente. Las técnicas de cierre, o llámalas técnicas para convencer si te parece mejor, se utilizan solo si estamos 100 % seguros de que nuestra oferta encaja perfectamente con las necesidades del cliente. Solo en ese caso. Y como hay clientes que no se deciden o les cuesta, hay que utilizar maneras para convencerlos. Eso son las técnicas de cierre. Porque si no lo convences tú, se lo comprará a otro, ya que la necesidad la tiene.

Vamos a ver la diferencia entre manipular y querer ayudar. Cuando yo persigo mi interés y no el del cliente, entonces manipulo. Si yo miro el interés del cliente por encima de todo, entonces utilizo técnicas para convencerlo de que puedo ayudarlo. Aquí también se aplica aquello que comentábamos al principio, la regla básica: ¿Tú a tu madre se lo harías? ¡Pues al cliente también! O tampoco.

8. Dominar diferentes técnicas de cierre

Dada la gran variedad de situaciones y circunstancias que pueden producirse en una reunión de ventas y teniendo en cuenta que los estilos interpersonales del cliente pueden ser también muy diferentes, es importante que el vendedor domine varias técnicas de venta distintas para aplicar en cada situación.

Algunos cierres que son de gran utilidad son los siguientes:

6. CIERRE

NO MIEDO...

≠ TÉCNICAS

ASCENDENTE   T
ESCASEZ   CACHORRO
DIRECTO   SUMARIO
ALTERNATIVO   INVITACIÓN
       DESESPERADO

CIERRE ASCENDENTE

Este cierre consiste en encadenar dos preguntas que el cliente conteste afirmativamente y realizar una pregunta de cierre directo a continuación.

Para utilizar bien este cierre es necesario haber trabajado muy bien la fase de «Detección de necesidades» para apoyarse en las motivaciones del cliente a la hora de realizar las preguntas.

Por ejemplo: «Señor cliente, usted estaba interesado en un teléfono que fuera pequeño, ¿verdad?» (respuesta «sí» del cliente). «Si le entendí bien, ¿lo quería además con cámara fotográfica?» (nuevamente se recibe un «sí» del cliente)

«Pues le aconsejo que se lleve este modelo porque…, ¿qué le parece?».

¿Yo lo utilizo con mi madre? ¡Claro que sí! Yo vivo en la montaña, con bosques, aire puro, sin tráfico ni colas rápidas en el supermercado. Ella vive en la ciudad y me gusta que venga a casa porque así se desestresa y encima abre los pulmones, que los tiene muy delicados. Quiero que suba primero por ella, no por mí. Si le preguntara si quiere venir el próximo fin de semana me diría: «No, que es un pueblo de viejas y me aburro». Por eso utilizo técnicas de cierre para convencerla. He utilizado el ascendente cuando me dice que el trayecto en autobús la marea. Le dije algo así como: «Es verdad que puedes marearte, pero cuando estas aquí, ¿no te lo pasas fantástico con tus nietos?» (primera pregunta ascendente que contestará afirmativamente). «¿Y no es cierto que cuando vuelves a la ciudad te encuentras más relajada y respiras mejor?» (segunda respuesta afirmativa). «Pues ¿no crees que vale la pena tomarse una pastilla para el mareo del trayecto, que es solo una hora, para pasártelo pipa con tus nietos y bajar con diez años menos en tu cuerpo?».

Cierre de escasez

Es una técnica que se utiliza para presionar un poco al cliente para que tome la decisión de cierre lo antes posible. El principio de la escasez se basa en que si algo es escaso, hay que ser más rápido a la hora de decidirse. Esta presión puede ponerse apelando a la escasez de productos («Solo nos quedan dos unidades») o con factores como el plazo o el precio

(«La promoción termina esta semana», «El próximo mes se renuevan los artículos», «El día 1 subirán los precios», etc.).

Este cierre ha sido utilizado en exceso y de forma abusiva por muchos vendedores y en múltiples sectores. Por ejemplo, los vendedores de pisos, en su gran mayoría, lo utilizan para presionar al cliente. Cuando realizan la visita de un piso les comentan que hay otra persona muy interesada y que es posible que si se lo piensa demasiado ya sea tarde. Como se ha utilizado tanto, nunca se sabe si es verdad o mentira, y la imagen que el cliente tiene de un vendedor que utiliza este cierre es muy desfavorable. Y, claro, luego pagamos justos por pecadores.

Este cierre debería ser utilizado con mucha precaución y solamente si lo que estamos diciendo es cierto. Además, es muy aconsejable apoyarse en información objetiva para reforzar el cierre y darle la mayor credibilidad posible. Por ejemplo, si se trata de cerrar la venta de un billete de avión, el vendedor puede mostrar al cliente los datos que aparecen en la pantalla del ordenador relativa al número de plazas que todavía quedan libres; del mismo modo, si una promoción termina esa semana, el vendedor puede apoyarse en el material publipromocional que pudiera existir para comunicar dicha promoción.

También he utilizado a veces este cierre con mi madre. Si me ha preguntado en alguna ocasión qué día puedo ir a comer con ella y veo que tengo tres semanas de mucho viaje y luego un día libre, le digo algo así como: «No puedo hasta el día x y luego vuelvo a viajar, ¿quieres que quedemos ya ese día?, ¿lo apunto en la agenda?, no te lo pienses porque si me lo dices mañana quizá tenga ese día ya ocupado». Y ¡pam!, cerramos día, porque a veces le cuesta decidirse ☺.

Cierre directo

Este cierre se realiza utilizando una pregunta directa del tipo: «¿Se lo queda?», «¿Hacemos el pedido?», etcétera. Es el cierre más agresivo, puede resultar incómodo para algunos vendedores, pero es muy efectivo, especialmente si se cuida el tono de la pregunta.

Cierre alternativo

Este es otro cierre muy clásico. Consiste en ofrecer al cliente varias alternativas para que elija la que mejor le convenga; si decide elegir alguna, entonces está comprando esa opción. Por ejemplo: «Señor cliente, ¿encargamos el vehículo en color azul o en color verde?», «¿El seguro será solo para usted o añado también a sus familiares?», «¿Le pongo una caja o dos?».

Estas preguntas alternativas también pueden utilizarse como semicierres, de este modo es una pregunta menos agresiva, ya que la respuesta del cliente no implica un compromiso de compra pero sí lo acerca hacia la decisión de hacerlo. Ejemplos de estas preguntas podrían ser estas: «¿Lo prefiere blanco o negro»?, «¿Lo pagaría al contado o prefiere financiarlo?».

Recuerdo una ocasión con una clienta que era muy mandona y le gustaba decidirlo todo. Mi cierre fue algo así:

«Mira, María, yo creo que para lo que necesita tu equipo, con dos sesiones tenemos suficiente; ahora bien, no sé si es mejor hacer las dos antes de vacaciones o hacer una antes y otra después. Tú que conoces mejor a tu equipo, ¿cómo quieres hacerlo?». Está claro que, diga lo que diga, la venta casi la he cerrado.

Es verdad que puede decir: «Ninguna de las dos». Las técnicas no garantizan el cierre, solo maximizan sus probabilidades.

Cierre en «T»

Este es un tipo de cierre más racional y pragmático, a mí me encanta. Para realizarlo necesitamos escribir en un papel. El cierre consiste en dibujar una «T» grande en una hoja de papel y escribir en el lado izquierdo los pros y ventajas del producto o servicio y a la derecha sus contras o inconvenientes.

El cierre se realiza de la siguiente manera:

- Debemos ponernos a disposición del cliente ayudarlo a aclarar sus dudas para tomar la decisión de compra («Permítame que le haga una reflexión que quizá lo pueda ayudar», «Voy a intentar ayudarle a resolver sus dudas»).
- A continuación, debemos preguntarle al cliente cuáles son los puntos a favor, las ventajas y los pros del producto o servicio que desea adquirir.
- Posteriormente, deberíamos completar este listado de ventajas con aquellos puntos que consideramos que pueden ser interesantes para el cliente y que este no ha nom-

brado. Es importante que primero sea el cliente quien destaque las ventajas para que sepamos cuáles son los aspectos que más valora.

- Al solicitar los inconvenientes hay que hacerlo igual, pero, en este caso, no realizar nosotros ninguna aportación, porque lo que nosotros creemos que puede ser una pega quizá no lo sea para el cliente, salvo que sepamos que hay algo que seguro que es un inconveniente para él. Estamos para ayudar, no para engañar.

- De este modo quedan plasmados por escritos los pros y contras de la decisión. Este escenario evita divagar y nos permite trabajar argumentando los inconvenientes, vincularlos a las ventajas e incluso tomar decisiones que permitan rebajar los contras realizando algunas concesiones bajo compromiso de cierre por parte del cliente.

Es importante que lo escribamos en un papel porque las cosas «entran mejor» cuando el cliente las lee en un papel y porque, además, se lo puede llevar a casa y repasarlo. No hay que confiar en que recuerde todos nuestros argumentos, hay que asegurarse ☺.

Este cierre es muy útil en mercados industriales, en decisiones que necesitan de un mayor análisis racional o con clientes que tienen enfoques de decisión de compra más lógicos y menos emocionales. También es de gran ayuda para que el cliente no se escape con «excusas» o divague en exceso en el momento del cierre.

CIERRE CACHORRO

Este cierre implica dejar probar el producto o servicio al cliente. Se llama cierre de cachorro porque a todo el mundo le encantan los cachorros de perro, aunque no le gusten los perros; si a una persona le dejan un cachorro unos días para decidir si finalmente quiere quedárselo o no, la mayoría de las ocasiones decidirá quedárselo porque se ha «enamorado» del cachorro.

Lo mismo puede hacerse con determinados productos o servicios. Sería un cierre del tipo: «Lléveselo y si no le gusta me lo devuelve» o «Pruébelo y después decide». Es un cierre que utilizan los concesionarios de automóviles cuando nos dejan probar el vehículo o incluso llevárnoslo un par de días, o las televisiones de pago, que nos regalan un mes gratuito para probar.

Por supuesto, es un cierre que no es aplicable a todos los sectores por las características del producto o servicio, pero sí puede utilizarse como una ayuda a que el cliente pueda percibir las bondades del producto o servicio por sí mismo.

Conozco un dentista que hace este tipo de cierre para ofrecer blanqueamientos dentales haciendo una foto de sus pacientes y enseñándoles después por ordenador qué cara tendrían si se blanquearan los dientes. Se trata de un cierre cachorro muy inteligente.

CIERRE SUMARIO

Consiste en resumir las ventajas y beneficios de nuestra propuesta y apoyarse en este resumen para acabar con una pregunta de cierre.

CIERRE DE INVITACIÓN

Esta es la forma más cómoda, natural y menos agresiva de intentar un cierre de ventas. Consiste en realizar una pregunta del tipo: «¿Por qué no lo prueba?». No es un cierre que pueda utilizarse en todas las circunstancias, con todos los clientes o en todos los sectores, pero cuando puede usarse, da unos magníficos resultados.

CIERRE DESESPERADO

Este es un cierre que solo es recomendable utilizar si se cumplen tres circunstancias:

- El cliente sabe que hemos hecho muchos esfuerzos para poder trabajar con él.
- El cliente tiene un estilo interpersonal más emocional que racional.
- Existe una relación de relativa confianza con el cliente, que admite el sentido del humor.

Si se dan estas circunstancias, podríamos plantearnos este cierre. Consiste en realizar una pregunta de este tipo: «Señor cliente, he hecho todo lo que he podido para intentar obtener un pedido, he venido a visitarlo regularmente en los últimos meses, le he dejado muestras de este y aquel producto, yo ya le he demostrado que tengo gran interés en poder colaborar con usted, ¿qué tendría que hacer para que pudiéramos iniciar una relación comercial?».

Hay muchos más tipos de cierre, aquí he apuntado algunos como ejemplo, y te animo a que investigues cuáles se pueden adaptar mejor a tus circunstancias.

9. Gestión del no cierre

En muchas ocasiones una entrevista de ventas termina sin que esta pueda cerrarse. No siempre los clientes nos compran, por muy bien que hayamos hecho nuestro trabajo. Todas las técnicas de venta que un vendedor pueda utilizar no garantizan una venta. Podemos actuar de forma muy profesional y, sin embargo, no lograr la venta; actuar de manera inmejorable no garantiza la venta. Pero actuar de modo poco profesional sí que es garantía de no lograr la venta.

Cuando ponemos nuestros mejores esfuerzos y no logramos la venta, no es culpa nuestra, no podemos controlar todas las circunstancias. Un cliente, aun cumpliendo todos los requisitos de compra detallados en el punto 1 de este apartado, puede decidir no comprar, entre otros, por estos motivos:

- Ya dispone de un proveedor con el cual está satisfecho.
- Necesita el producto o servicio, pero no en este momento.
- Necesita el producto pero no quiere comprarlo ahora por cualquier motivo desconocido para nosotros.

El cliente tiene todo el derecho del mundo a decidir no comprar, y muchas veces es razonable y lógico que tome esta decisión si tenemos en cuenta sus circunstancias.

Sin embargo, deberíamos ser capaces de lograr dos cosas:

- Conocer los motivos del cliente. No lograremos conocerlos siempre, pero hay que intentarlo para saber dónde está el obstáculo y poder contrarrestarlo en un futuro. Si no preguntamos los motivos, es 100 % seguro que no los sabremos; si preguntamos al cliente los motivos, tendremos más posibilidades de conocerlos. Así de lógico.
- Dar una imagen excelente para dejar la puerta abierta a futuras colaboraciones cuando cambien las circunstancias que actualmente impiden alcanzar un acuerdo.

10. Seguimiento

Finalmente, de cara a mantener el recuerdo positivo que el cliente potencial pueda tener de nosotros y al mismo tiempo lograr una oportunidad futura de venta, tenemos que realizar un seguimiento inteligente del cliente estableciendo contactos regulares con él. Este seguimiento puede hacerse con visitas puntuales, envíos por correo de información de interés para el cliente, *emails* de seguimiento o llamadas de cortesía. En función del sector, las características e intereses del cliente, es más recomendable un seguimiento u otro.

FASE 6 DE LA VENTA: CIERRE / NO CIERRE	
Conceptos básicos	**Ideas importantes**
1. NO TENER MIEDO	1.1. El miedo a que nos diga «no» se supera sabiendo que lo que ofrecemos es lo que mejor encaja con sus necesidades y practicando y dominando diferentes técnicas de cierre.
2. ESPERAR EL MOMENTO ADECUADO	2.1. El momento adecuado para realizar preguntas de cierre es cuando se han superado con éxito todas las fases anteriores de la venta, no antes.
3. UTILIZAR DIFERENTES TÉCNICAS	3.1. Dominar diferentes técnicas para poder utilizarlas en distintas situaciones de venta: «ascendente», «escasez», «directo», «alternativo», «T», «cachorro», «sumario», «invitación», «desesperado».
4. MEJORA CONTINUA	4.1. Al salir de la visita, breve repaso mental de las cosas que se hicieron bien y las que habría que mejorar.
5. SEGUIMIENTO DE LA VISITA	5.1. Planificar el seguimiento de la visita (presencial, telefónico, por mail, etc.).

Conclusión

En este libro lo he dado todo ☺. No tengo más, no sé más. Nada es mío, todo lo que has leído lo he aprendido de los expertos en ventas y de los grandísimos profesionales que he conocido a lo largo de los años. Lo importante del libro no es que entiendas las ideas, ni siquiera que te gusten o que te parezcan útiles. Lo importante es aplicar. Hacer. Saber y no hacer es como no saber. Cuántos libros que nos han gustado acaban en nuestras bibliotecas en lugar de hacerlo en nuestras vidas. Prueba, poco a poco, aplica una idea, luego otra, no todo de golpe, paso a paso incorpóralo a tu manera de ser y de trabajar, hasta que sea un hábito.

La gran complicación con la que nos encontramos los humanos a la hora de aplicar ideas son los hábitos que ya tenemos adquiridos y que cuesta mucho cambiar. Todos tenemos nuestras rutinas, nuestra zona de confort, donde estamos cómodos. Hacer cosas diferentes siempre es molesto y no estamos para complicarnos la vida. Hay un momento en que el cerebro dice: «Déjalo, no vale la pena, la idea es buena pero tampoco servirá de mucho». Es una guerra interna que libramos todos para vivir y trabajar con grandeza o ser unos merluzos. Y esa guerra interior acaba con una decisión, con tu decisión.

Hay un cuento que me gusta mucho y que lo explica mucho mejor:

Una mañana un viejo cherokee le habló a su nieto acerca de una batalla que ocurre en el interior de las personas. Le dijo: «Hijo mío, la batalla es entre dos lobos dentro de todos nosotros. Uno es Malvado; es ira, envidia, celos, tristeza, pesar, avaricia, arrogancia, autocompasión, culpa, resentimiento, soberbia, inferioridad, mentiras, falso orgullo, superioridad y ego. El otro es Bueno; es alegría, paz, amor, esperanza, serenidad, humildad, bondad, benevolencia, amistad, empatía, generosidad, verdad, compasión y fe».

El nieto lo pensó por un minuto y luego preguntó a su abuelo: «¿Qué lobo gana?». El viejo cherokee le respondió: «Aquel al que tú alimentes».

La venta es un trabajo maravilloso y los cracks no son los que hacen cosas extraordinarias, son aquellos que hacen las cosas ordinarias de manera extraordinaria. Estar entre los cracks o vegetar entre los chusqueros es tu decisión. Y esa decisión implica alimentar las ganas de hacer lo que sabemos que tendríamos que hacer, poner toda nuestra energía, ilusión y pasión en ello o alimentar la pereza y la comodidad de hacer lo fácil y conformarnos con menos de lo que somos y merecemos. Es tu decisión ☺.